Matt Galan Abend

Sprechstunde mit dem inneren Arzt

Wecke die Heilkräfte in dir selbst

Verlag Via Nova

1. Auflage 2007
Verlag Via Nova, Alte Landstraße 12, 36100 Petersberg
Telefon: (0661) 62973
Fax: (0661) 9679560
E-Mail: info@verlag-vianova.de
Internet:
www.verlag-vianova.de

Umschlaggestaltung:
Stefan Hilden Produkt- & Grafik Design, München
Satz: typo-service kliem, 97647 Neustädtles
Druck und Verarbeitung: Fuldaer Verlagsanstalt, 36037 Fulda
© Alle Rechte vorbehalten
ISBN 978-3-86616-071-2

Inhalt

Grundsätzliche Betrachtungen 1
Warum werden wir eigentlich krank?
Sind die so oft genannten Ursachen wie Rauchen,
Alkohol, Stress, mangelnde Bewegung, falsche
Ernährung usw. die tatsächlichen Ursachen, oder
sind sie lediglich die Auslöser einer Erkrankung?
Müssen wir nicht immer fragen, „warum" jemand
zu viel raucht, zu viel isst usw.?
Müssen wir nicht viel mehr den ganzen Menschen
als nur seine augenblickliche Erkrankung behandeln?
Der Unterschied zwischen einer symptom- und
einer ursachenorientierten Medizin. 9

„Was" wird eigentlich krank? 2
Der Aufbau des menschlichen Hauses
Die fünf Ebenen des menschlichen Hauses.
Geist als oberste und alles durchdringende Ebene.
Geist steht über Materie.
Nicht „wir" sind krank, lediglich eine Stelle unseres
Körpers oder eine bestimmte Funktion macht im
Moment Probleme. Wir können unsere grund-
sätzliche Gesundheit auch auf diese Problemzone
unseres Körpers übertragen.
Wir, das geistige Wesen in diesem Körper, können
nicht krank werden. 27

Warum funktioniert etwas nicht richtig? 3
Unsere erste Analyse als „Dr. med. Ich"
Das Beispiel der linken Niere. Mit der „Warum-Frage"
bis zur eigentlichen Ursache vordringen. Das Ende
der schulmedizinischen Erklärungen ist unser
Einstieg. Der Einbezug der mentalen Ebene.
Wir steuern diesen Körper. Was haben „wir" falsch
gemacht? Was müssen „wir" ändern?   39

Das richtige Werkzeug wählen 4
Die Urkraft unserer Gedanken und Vorstellungen
Jeder Gedanke und jede Vorstellung, die sich in
unserem Kopf dreht, hat unmittelbare Auswirkungen
auf unseren Körper. Überzeugende Beispiele für die
Komplexität dieser Zusammenhänge. Geist steht
über Materie. Durch planvollen Einsatz dieses
Werkzeugs die gewünschten Ergebnisse erzielen.   45

Partnerschaft statt blinder Gefolgschaft 5
Das neue Verständnis einer Arzt-Patienten-Beziehung
Die unterschiedliche Interessenlage von Arzt und
Patient. Ärzte sind fehlbare Menschen und
unterliegen wirtschaftlichem Druck. Die Spreu vom
Weizen trennen. Ein kritischer und selbstbewusster
Patient sein. Ärzte und Angehörige anderer Heil-
Berufe sind Dienstleister, die wir beauftragen.
Auf Augenhöhe bleiben. Nicht schlucken oder
spritzen lassen, ohne gründlich zu hinterfragen.   53

Testen statt ungeprüft schlucken 6

Wie wir Medikamente und Ähnliches selber testen können

Wie wir verhindern können, zum pharmakologischen Mülleimer zu werden. Selber überprüfen, ob uns ein Medikament nutzt oder eher schadet. Wie wir die Kombination mehrerer Medikamente überprüfen können. Die praktische Anwendung des Muskeltests. Die Übertragungen auf der Schwingungsebene. Das sensibelste Instrument, das uns zur Verfügung steht. 59

Eine erste Zwischenbilanz

Das Wesentliche der Kapitel 1–6 69

Aus weniger mehr machen 7

Wie wir die Wirkung medizinischer Therapien um 100% steigern können

Die Kraft unserer Gedanken und Vorstellungen gezielt in den Heilungsprozess einbringen. Das Beispiel einer Eigenblutbehandlung. Unsere Gedanken und Vorstellungen zu einem in sich schlüssigen Vorgang bündeln. Im Endergebnis leben. Das Beispiel der systematischen Unterstützung einer Krebsbehandlung. 71

Wir selbst sind gefordert 8
Krankheit ist kein zufälliges Schicksal – Krankheit ist eine Aufgabenstellung

An jeder Erkrankung haben wir einen mehr oder weniger klaren Eigenanteil. Es gibt keinen Zufall. Krankheit hat eine Bedeutung für uns. Die Betrachtungsebene erweitern, um zu erkennen. Das Beispiel des „Herzeleids" und des „Hochdrucks". Die klassischen Psychosomatosen. Die kriminalistische Feinarbeit der Spurensuche. 85

Unser eigener Anteil 9
Klassische Zusammenhänge von Krankheitsbild und Persönlichkeitsstruktur

Typische Verhaltensstrukturen führen zu ebenso typischen Krankheitsbildern.
Beispiele: Hyperventilationssyndrom, Asthma bronchiale, Verdauung, Essstörungen, Rheuma, Wirbelsäule, Haut, Hörsturz, Tinnitus. Leber, Niere, Milz-Pankreas, Galle, Schilddrüse, Geschlechtsorgane. 97

Eine angstauslösende Diagnose 10
Krebs

Krebs betrifft immer den ganzen Menschen. Krebs als Aufgabe annehmen und nicht als Schicksal hinnehmen. Krebs ist Autoaggression, Krebs ist Revolution. Aggressionen herauslassen, statt hineinfressen. Das Verhalten ändern, damit sich etwas ändert. 113

Die Bedeutung des Umfeldes 11

Heilsame und unheilsame Energiefelder

Die Natur als das heilsamste Energiefeld.
Krankenhäuser sind kranke Häuser.
Menschen prägen mit ihren Sorgen und
Ängsten ein Energiefeld. Krankenhäuser
als Infektionsquelle. Reden über Krankheit
schafft ein negatives Energiefeld. Der Psycho-
druck der Vorsorge. 121

Krankheit als Mittel zum Zweck 12

Die instrumentalisierte Krankheit

Wenn Menschen von „ihrer" Krankheit
reden. Wie Krankheit zum Lebensinhalt
und Teil der Persönlichkeit wird.
Aufmerksamkeit und Herrschen durch
Krankheit. 131

Wir können mehr bewirken, als wir denken 13

Die heilende Kraft der Ebene fünf

Wie wir die unbegrenzte Gesundheit
dieser Ebene auch auf unseren Körper
übertragen können. Die Identifikation
mit unserem wahren Wesen. Unser
göttliches Erbe konsequent nutzen.
Draufschauen und Abstand nehmen. Der
liebevolle Umgang mit unserem begrenzten
körperlichen Ich. 137

Wo fängt das Altwerden an? 14

Alt oder jung – eine Frage des Standpunktes
Es gibt junge alte Menschen und es gibt alte junge
Menschen. Nicht wir sind alt oder jung, unser
Körper ist alt oder jung. Der Geist baut den Körper.
Jedes Lebensalter hat seine besonderen Qualitäten.
Der Sinn unseres Lebens liegt in uns selbst.
Wir sind keine „Nutz"-Menschen. 143

Testen Sie Ihren Status als Dr. med. Ich
11 Fragen zum Nachdenken 151

Grundsätzliche Betrachtungen 1

Warum werden wir eigentlich krank?

Eine seltsame Frage, werden Sie womöglich denken. In der Regel weiß man doch, warum (oder wieso) jemand krank geworden ist. Er hat z. B. zu viel geraucht, zu fett gegessen, sich zu wenig bewegt, sich zu sehr aufgeregt, sich verletzt, sich irgendwo angesteckt, einen Unfall gehabt, es liegt in seiner Familie, an seinem Beruf, er hat im Sport übertrieben, zu häufig dem Alkohol zugesprochen, zu viel Stress gehabt und dann dazu noch diese Frau, dieser Mann, die nervigen Kinder, die Nachbarn ... usw.

Aber Verzeihung, sind das wirklich Ursachen, die uns krank machen, oder sind dies vielleicht nur typische Situationen, in denen ein bereits randvoll gefülltes Fass zum Überlaufen kommt? Situationen, in denen der Körper mit Krankheit reagiert, weil er sich nicht mehr anders zu helfen weiß? Situationen, in denen eine tiefer liegende Problematik sichtbar wird? Zumindest für den, der Augen hat zu sehen und Ohren hat zu hören. Aber ich muss zugeben, dass diese Fähigkeiten leider immer mehr ins Hintertreffen geraten.

Die tatsächlichen Ursachen einer Erkrankung liegen wesentlich tiefer als die hier so schnell aufgeführten möglichen Ursachen. Mit derartigen Feststellungen sind wir allzu schnell bereit, eine Erklärung vorzuschieben, die dann tieferen Nachforschungen kaum standhält.

Wir müssen wesentlich gründlicher hinterfragen. Wir müssen z. B. zwingend fragen, „warum" z. B. jemand zu viel raucht, „warum" er sich zu wenig bewegt, „warum" er sich zu sehr aufregt, „warum" er sich angesteckt hat, „warum" er einen Unfall hatte, was denn da eigentlich in seiner Familie liegt, „warum" er zu viel Alkohol trinkt, Stress hat usw. usw.

Dies werden Sie sicher ohne Schwierigkeiten einsehen, aber was soll z. B. bei einer Grippe die Frage, warum sich jemand angesteckt hat? Hier wird es schon etwas schwieriger. Wie kann man z. B. jemanden fragen, warum er einen Unfall hatte? Kann man so etwas wirklich fragen? Gibt es bei so eindeutig erscheinenden Fällen wie einer Grippe oder einem Unfall tatsächlich immer noch ein zu klärendes „Warum"?

Hat sich jemand nicht ganz einfach deshalb angesteckt, weil er irgendwo war, wo er sich anstecken konnte? Vielleicht war es die total vergrippte und hustende Dame, die neben ihm im Bus stand, vielleicht der Kollege im Büro, die Dame an der Supermarktkasse oder ... oder ... oder? Was konnte er oder sie dazu? Was soll in solch eindeutig erscheinenden Fällen die Frage „warum"? Hatte nicht jemand einen Unfall, weil er selbst oder ein Beteiligter nicht aufgepasst hatte, weil ihm z. B. jemand im Straßenverkehr die Vorfahrt nahm. Dies sind doch alles eindeutige Situationen. Was soll denn da die Frage „warum"?

Verzeihung, ich habe Sie etwas aufs Glatteis geführt. Unsere Fragestellung ist in dieser Form tatsächlich nicht ganz zulässig. Im Fall der Grippe z. B. müssen wir nicht fragen, „warum" sich jemand angesteckt hat, das wissen wir ja, die Dame im Bus z. B. Sinnvoller müssten wir fragen, „warum" die Grippe bei ihm ausbrechen konnte, und das hat dann nicht nur damit etwas zu tun, dass er sich angesteckt hat.

Wir müssen z. B. fragen, warum sein Immunsystem zu schwach war, um mit der Infektion fertig zu werden. Die Infektion ist das eine, die Reaktion des Körpers das andere. Wir nehmen täglich Krankheitserreger in uns auf, ohne dass wir deshalb gleich krank werden. Wenn alle aufgenommenen Krankheitserreger auch gleich zu einer Erkrankung führen würden, wären wir so gut wie nie mehr gesund und hätten wahrscheinlich längst das Zeitliche gesegnet.

Es ist z. B. erwiesen, dass unser Immunsystem so richtig gut drauf ist und mit jedem Krankheitserreger fertig wird, wenn auch wir so richtig gut drauf sind. Wenn wir voller Kraft und Lebensfreude sind und es z. b. gar nicht erst für möglich halten, dass wir krank werden könnten.

Stecken wir hingegen in einem Stimmungstief, blasen wir Trübsal, stecken wir voller Sorgen und fühlen uns schwach und lustlos, ist auch unser Immunsystem schwach und lustlos. Krankheitserreger haben ein leichtes Spiel, sich durchzusetzen.

So kommen wir auch bei so einfach erscheinenden Krankheitsbildern wie einer Grippe zu der folgenden klassischen Ursachenkette:

1. *Wir haben uns irgendwo angesteckt. (Unsere körperliche Ebene)*
2. *Unser Immunsystem reagiert auf diesen Angriff. Es vernichtet den Eindringling, oder es ist zu schwach dazu, und der Eindringling setzt sich durch. (Immer noch unsere körperliche Ebene)*
3. *Kraft oder Schwäche unseres körpereigenen Immunsystems sind wiederum ein Spiegelbild der Kraft oder Schwäche unserer mentalen Verfassung. (Unsere geistig-seelische Ebene)*

Was ist nun also die wahre Ursache unserer Grippe – die Infektion, das schwache Immunsystem oder unser mentales Tief? Hier greifen doch ganz offensichtlich mehrere Ebenen ineinander. Interessant ist zu sehen, was das heutige Medizinsystem in so einem Fall zu unserer Genesung anbietet.

1. **Unser heutiges Medizinsystem handelt in der Regel ausschließlich auf der ersten Ebene und verschreibt ein entsprechendes Grippemittel, das nach Möglichkeit auch die be-**

gleitenden Symptome wie Müdigkeit, triefende Nase usw. beeinflusst, und verordnet nach Möglichkeit ein paar Tage Bettruhe. Grundsätzlich ist daran nichts auszusetzen.

2. Wird dazu noch etwas zur Stärkung des Immunsystems verabreicht, muss es sich um einen Privatpatienten handeln, denn die gesetzlichen Kassen fühlen sich dazu nicht verpflichtet. Auch dies eine Maßnahme auf der rein körperlichen Ebene.

3. Um die eigentliche Ursache des schwachen Immunsystems kümmert sich leider niemand. Niemand versucht zu klären, was das Immunsystem denn nun eigentlich saft- und kraftlos macht, warum der Mensch in einem Tief steckt und momentan ein wenig durchhängt. Sprichwörtlich muss er schon vorher die Nase voll gehabt haben, und sein Körper nahm somit das Angebot einer Grippe dankend an.

Das Medikament zur Stärkung des Immunsystems bleibt relativ wirkungslos, da es ja nicht die tiefere Ursache der Schwäche erreicht. Es schadet zwar nichts, hilft aber wahrscheinlich nur dem Umsatz des Herstellers.

In der heutigen medizinischen Ausbildung kommt eine notwendige ganzheitliche Betrachtungsweise, auch in solch einfach erscheinenden Krankheitsbildern, nicht vor. Bestenfalls kann man bei einem allzu deutlichen Durchhänger eines Patienten zu einem Psycho-Kollegen überweisen. Aber Verzeihung, wenn wir alle Grippekranken zum Psychologen schicken, sind wohl irgendwann alle Psychologen grippekrank, denn die hängen, zumindest nach meinem Eindruck, auch meist etwas durch. Mehr wird nicht passieren.

Vielleicht halten Sie den hier geschilderten Zusammenhang für überzogen. Dies ist Ihr gutes Recht, aber haben Sie schon einmal einen lebensfrohen, dynamischen, von seiner täglichen Aufgabe begeisterten und erfüllten Menschen grippekrank erlebt? Einen erfolgreichen Unternehmer, Künstler, Forscher, eine Mutter, die für ihre

Kinder zu sorgen hat, oder einen Bauern, der seinen Hof liebt? In Ausnahmefällen kommt natürlich auch dies vor, aber es sind wirkliche Ausnahmen, wogegen Menschen mit umgekehrten Vorzeichen gerne mal eine Grippe nehmen, und zwar nicht nur eine vorgetäuschte. Sie haben sie tatsächlich.

An diesem einfachen Beispiel ist der Unterschied zwischen einer symptom-orientierten und einer ursachen-orientierten Betrachtungsweise recht einfach zu verdeutlichen, und dieses Modell können wir im Prinzip ohne große Schwierigkeiten auf fast jedes Krankheitsbild übertragen.

Natürlich ist bei übertriebenem Alkoholkonsum irgendwann einmal die Leber massiv geschädigt, und – soweit noch möglich – muss sie natürlich medikamentös behandelt werden. Natürlich schädigt aktives wie passives Rauchen die Lunge, die Atemwege und das gesamte Gefäßsystem. Dies kann und will ich keineswegs in Frage stellen.

Wir können das z. B. auf jeder Zigarettenpackung nachlesen, und trotzdem müssen wir auch hier immer wieder fragen, „warum" jemand trotzdem raucht, denn genutzt haben diese Hinweise nur wenig. Ich habe manchmal den Eindruck, dass es bei Jugendlichen sogar als besonders cool gilt, sich durch solche Hinweise keinesfalls irritieren zu lassen. An derartig untauglichen Objekten wird bei Jugendlichen gern die eigene Stärke und Coolness demonstriert. Ein Schwächling, der sich von so etwas abhalten lässt! Ich stehe da drüber!

Wir müssen also nicht fragen, warum der Alkohol die Leber schädigt, warum Rauchen die Lunge zerstört usw. Das kann man alles wunderbar erklären. Was man weniger wunderbar erklären kann, ist, „warum" ein Mensch sich so selbstschädigend verhält.

Erst wenn wir dafür eine Erklärung finden und den Menschen einen anderen Ausweg zeigen, bewegen wir uns auf dem Weg wirklicher Heilung. Da dies aber in unserer modernen Medizinversorgung nicht geschieht, kurieren wir zwar immer besser die festgestellten Symptome, aber in Wahrheit „heilen" wir nicht.

Kein Lebewesen auf dieser Erde – außer dem Menschen – tut sich etwas an, was ihm nicht gut tut. Warum tut es dann dieser oder jener Mensch? Was ist stärker als die auch bei ihm zweifellos vorhandenen natürlichen Instinkte? Was fühlt er, wenn er sich darüber hinwegsetzt? Was kompensiert er?

> *Unsere moderne Medizinversorgung hat*
> *ein tragisches Sprachdefizit:*
> *Sie kennt offenbar das einfache*
> *Wörtchen „warum" nicht!*

Eine Krankheit oder ein Symptom wird festgestellt und sofort und mit allen zur Verfügung stehenden Mitteln bekämpft. Ist dann eine Krankheit beseitigt oder das Symptom verschwunden, war die Behandlung erfolgreich, was ja schließlich jeder nachprüfen kann und auch der Patient freudig bestätigt. Was soll dann noch die Frage „warum"?

> *Über Magenschmerzen geklagt,*
> *Blut und Magen untersucht,*
> *Medikament verordnet,*
> *Magenschmerzen beseitigt,*
> *Patient geheilt!*

Kommt der Patient dann nach einiger Zeit mit einem neuen Problem, wird halt wieder untersucht, neu verordnet, die Medikation unter Umständen mehrmals geändert oder die Dosis so lange gesteigert, bis auch diese Beschwerden verschwunden oder zumindest gelindert sind.

In diesem System kümmert sich niemand um die mentale Ebene des Patienten. Niemand fragt danach, was dem Patienten denn nun eigentlich auf den Magen geschlagen war, was er in sich hineingefressen hat usw. So wird in vielen Fällen leider nichts als eine Symptomverlagerung erreicht. Eine Erkrankung wird behoben und eine neue Erkrankung stellt sich ein. Die eigentliche Ursache der ersten Erkrankung blieb ja bestehen. Niemand bringt das vorherige Krankheitsbild mit dem neuen Krankheitsbild in Verbindung. Diese schwerwiegende Unterlassungssünde geschieht vor allem dann, wenn unterschiedliche Fachbereiche beteiligt sind.

Ein Facharzt ist jemand, der von immer weniger immer mehr versteht, aber dafür das Ganze immer mehr aus den Augen verliert.

Die eine Erkrankung wird beseitigt (mit Medikamenten zugeschüttet, wegoperiert oder dergleichen) und eine neue Erkrankung stellt sich ein. Statt des Magens ist es nun der Darm, die Niere oder sonst etwas. Die klassische Schlussfolgerung:

> *Der Patient hat leider eine angegriffene Gesundheit!*
> *Ja, aber was greift sie denn an?*
> *Warum kümmert sich niemand um diese zentrale Frage?*

Natürlich gibt es z. B. psychosomatische Kliniken. Dort aber landet ein Patient in der Regel erst dann, wenn alle anderen Möglichkeiten versagt haben. In diesem Stadium ist eine Problematik in der Regel bereits so verhärtet, dass es um so mühsamer ist, noch einen erfolgversprechenden Ansatzpunkt zu finden.

Zur Aufrechterhaltung eines solchen Systems gehören immer zwei Seiten. Wir sollten uns hüten, die Verantwortung dafür allein auf die Heilberufe zu schieben. Wird ein Patient nicht oft genug zur Kontrolle einbestellt, werden ihm nicht genügend oder zu preiswerte Medikamente verordnet, ist er mit dem Arzt unzufrieden. „Der andere Doktor hat sich aber sehr viel mehr Mühe gegeben."

> *Wir müssen von der Behandlung einer Krankheit zur Behandlung eines Menschen übergehen, oder wir werden niemals wirklich „heilen".*

Da aber ein solcher Paradigmenwechsel in absehbarer Zeit nicht zu erwarten ist, sind wir selbst gefordert, und zwar in zweierlei Hinsicht:

Wir selbst können das tun, wofür ein normaler Arzt weder die Zeit noch die Ausbildung hat. Wir können selbst hinterfragen, wir können unsere Denk- und Verhaltensstrukturen beobachten, wir können lernen, auf unseren „inneren Arzt" zu hören. Nur wir können die entsprechenden Wegkorrekturen vornehmen.

Nicht ganz so einfach getan, wie ich es gesagt habe. Es ist ungefähr so, wie wenn ein Computer mit einem Fehler in der Software mit eben diesem Fehler in der Software den Fehler in der Software sucht. Aber seien Sie unbesorgt, wir sind keine Computer, uns ist so etwas durchaus möglich, und ich werde Ihnen später noch genau erklären, wie es funktioniert.

Wir können – ja, wir müssen – von einem gläubigen und geduldigen Patienten zu einem hinterfragenden, kritischen und selbstbewussten Patienten werden. Damit helfen wir nicht nur uns selbst, damit kratzen wir auch das oberflächliche System der Symptom-Kurierei an. Aber auch das ist nicht ganz einfach.

Und weil das alles nicht so einfach ist, möchte ich Ihnen mit diesem Buch alle Hilfsmittel in die Hand geben, die Sie auf einem solchen Weg brauchen. Dieses Buch ist damit keinesfalls gegen Ärzte und andere Heilberufe gerichtet, ganz im Gegenteil.

Nutzen wir das Wissen und die Fähigkeiten der so genannten Fachleute, nutzen wir die Möglichkeiten moderner Medizin, aber liefern wir uns ihnen nicht aus.

Es ist unser Leben und es ist unser Körper. Wir selbst können mehr für uns tun, als wir dies gemeinhin für möglich halten. Wir selbst können zu unserem besten Arzt werden, wenn wir zumindest „auch" auf unsere innere Stimme hören und ihr ein wenig vertrauen. Wenn wir nicht nur fremden Anweisungen folgen und vertrauen. Wir müssen dazu nicht Medizin studieren, wir müssen nur uns selbst studieren.

Unser „innerer Arzt" steht uns näher als jeder andere Arzt. Unser „innerer Arzt" kennt uns besser als jeder andere Arzt.

Geben wir auch ihm eine Chance. Gliedern wir ihn zumindest gleichwertig in das Team all jener ein, die uns bei der Bewältigung einer Krankheit helfen können. Machen wir unseren „Dr. med. Ich" nicht freiwillig mundtot.

Die moderne Medizin verfügt über wunderbare Möglichkeiten der körperlichen Diagnose, sie verfügt über faszinierende Möglichkeiten, in körperliche Vorgänge einzugreifen, aber sie hat offenbar übersehen, dass der Mensch eine geistig-seelische Ebene hat. Dass er Gefühle hat, dass er Angst hat, dass er verzweifelt sein kann usw. Diese geistig-seelische Ebene greift unmittelbar in das körperliche Geschehen ein. Materie kann sich nicht aus sich heraus verändern. Es bedarf dazu immer eines Anstoßes aus einer höheren Ebene.

> *Unsere geistig-seelische Ebene ist mächtiger*
> *als die materielle körperliche Ebene.*
> *Geist formt die Materie.*

Wir haben das am Beispiel des Immunsystems gesehen. Aber auch am Körper, an seiner Haltung, an seinem Ausdruck und seiner Gestik können wir sehen, wes Geistes Kind ein Mensch ist. Ich habe täglich das Beispiel einer reichlich überfetteten Dame vor Augen. Der Körper fettig, schwammig, wabbelig, die Bewegungen träge. Das Verhalten fettig, schwammig, wabbelig, träge. Wie innen, so außen. Mit reichlich übersüßter Stimme, aalglatt, schleimig und nicht fassbar.

Natürlich wird auch sie die Drüsen oder sonst eine medizinische Ursache für das Aussehen ihres Körpers verantwortlich machen. Immer noch das beliebteste Alibi, das aber rein statistisch nur in acht Prozent aller Fälle von Fettsucht auch tatsächlich zutrifft.

Bei den übrigen 92 Prozent steht einfach das Verhältnis von Kalorienaufnahme und Kalorienverbrauch im Missklang. Auch hier wird die Erkenntnis, dass Fettleibigkeit die Lebenserwartung deutlich verkürzt und dass vor allem der gesamte Bewegungsapparat frühzeitig Schaden nimmt, ignoriert.

> *Fettleibige Menschen*
> *leben zwar in der Regel kürzer,*
> *essen dafür aber länger!*

Und auch hier muss man immer wieder nach dem „Warum" fragen. Warum stopft ein Mensch zu viel in sich hinein, was will er damit kompensieren, was will er füllen?

Meist ist es eine innere Leere, die gefüllt werden will, und wenn wir in Deutschland nunmehr auch immer mehr überfettete Kinder und junge Menschen beobachten können, dann trifft gerade hier der gezeigte Zusammenhang zu. Computer und elektronische Spiele aller Art, zerrüttete Familienverhältnisse und eine empfundene Sinnlosigkeit schaffen jene innere Leere, die dann mit Nahrung gefüllt wird.

Nur in etwas, das leer ist, kann man etwas hineinfüllen!

Erlauben Sie mir noch ein Wort zur so genannten „ererbten" Fettleibigkeit. Natürlich ererben wir über unsere Gene einen gewissen Körperbau. Aber der auf dieser Basis allzu schnell getroffene Schluss „überfettete Eltern – überfettete Kinder" ist nach meiner Erfahrung nicht haltbar.

Hier wurde weniger etwas über die Gene vererbt, als dass ganz einfach bestimmte Denk- und Verhaltensstrukturen weitergegeben wurden. Die übersteigerte Bedeutung der Nahrung und deren übermäßige Aufnahme wurde erlernt und nicht vererbt. Mit etwas Disziplin könnte man den genetischen Erbfaktor durchaus in Grenzen halten. Aber genau diese Disziplin wurde eben nicht erlernt.

Nun wird mancher denken, dass jemand, der so etwas schreibt, ja wohl dünn wie ein Hering sein muss. Verzeihung, Sie irren. Bei einer Körpergröße von 186 cm wiege ich 84,5 Kilo und falle nach allen einschlägigen Tabellen bereits selbst unter die leicht Übergewichtigen. Aber wenn wir alle Tabellen und medizinischen Normen zugrunde legen, ist keiner von uns mehr normal. Die Norm ist das eine, das Wohlgefühl des Menschen ist das andere. Ein bisschen zu viel oder zu wenig ist durchaus verkraftbar. Viel zu viel oder viel zu wenig hat hingegen Krankheitswert.

Immer wieder wird unser medizinischer Fortschritt gelobt und bewundert, aber wie kann es dann sein, dass unser Medizinsystem zusammenzubrechen droht, weil es nicht mehr finanzierbar ist? Weil z. B. die Kosten für Arzneimittel ins Uferlose steigen? Ich bin davon überzeugt, dass eine der Hauptursachen in einer vorwiegend symptom- und nicht ursachenorientierten Medizin liegt. Die Menschen werden dabei eher kränker als gesünder. Die hohe Kunst des Heilens wurde von einer immer mehr technisierten Medizin überrollt.

Nun wird immer wieder damit argumentiert, dass wir ja dank des Fortschritts der Medizin ein immer höheres Lebensalter erreichen. Dies ist zweifellos richtig. Aber niemand fragt danach, wie viele dieser „alten Leben" wirklich noch als „Leben" und nicht nur als das Überleben des Zeitraums zwischen zwei Arztbesuchen oder ein Hinvegetieren bis zum bitteren Ende zu bezeichnen sind.

Ebenso, wie wir an einem normalen Sterben gehindert werden, werden wir auch an einem normalen Geborenwerden gehindert. Geburten werden künstlich eingeleitet – wenn z. B. die Personalsituation einer Klinik gerade günstig ist – und auftretende Wehen werden künstlich unterbunden, wenn z. B. am Wochenende ein personeller Engpass herrscht. Es werden immer weniger Kinder an Sonn- und Feiertagen geboren. Auch die Zahl der Kaiserschnitte hat sich nahezu verdoppelt und steigt weiterhin. Ein Kaiserschnitt wird einer Klinik weitaus besser honoriert als eine natürliche Geburt. Leider sind die nachgeburtlichen Risiken für Mutter und Kind bei einem Kaiserschnitt wesentlich höher als bei einer natürlichen Geburt, was weiteren medizinischen Aufwand notwendig machen kann.

Wenn wir von der künftigen Unfinanzierbarkeit des Krankensystems sprechen, so gilt das Gleiche von den Pflegesystemen, und dies liegt nicht nur daran, dass immer mehr Menschen immer länger leben, dabei aber gleichzeitig immer weniger Menschen im Beruf stehen und in das System einzahlen.

Sicher ist dieser so genannte „demographische Faktor" ein wichtiger Faktor, aber sicher ebenso gewichtig ist die Tatsache, dass die Verlängerung unseres Lebensalters mit einem immer weiter steigenden medizinischen Aufwand erkauft wird.

Nun will ich keinem alten Menschen ein Medikament, eine notwendige Operation oder eine andere medizinische Maßnahme verweigern. Ganz im Gegenteil. Ich möchte ihn nicht weniger, sondern viel umfassender betreuen. Ich denke, dass es gerade hier noch notwendiger ist, nach dem „Warum" zu fragen, dass es gerade hier noch notwendiger ist, das Gespräch zu suchen und tiefer liegende Ursachen aufzuzeigen.

Ich denke, dass gerade ein alter Mensch Zuwendung braucht. So rief z. B. auch der Bundespräsident zu einer „Aktionswoche bürgerschaftliches Engagement" auf, was ich persönlich sehr ernst nahm und schriftlich meine kostenlose Mithilfe im Seniorenheim unseres Ortes anbot. Ich bot dort an, alte Menschen zu besuchen, vielleicht auch mal einen kleinen Vortrag zu halten usw. Leider erhielt ich nie eine Antwort, was nicht nur auf eine schlechte Kinderstube der Verantwortlichen schließen lässt. Offensichtlich fürchtet man mancherorts, dass man etwas durcheinanderbringen könnte, was mühsam aufrechterhalten wird.

Oft sind für alte Menschen die Arztbesuche, der Verbandswechsel, die Massage oder Bestrahlung die einzig verbliebenen Möglichkeiten eines zwischenmenschlichen Kontakts.

Nur wenn Mutter krank ist, kümmern sich die Kinder um sie.

Nur allzu verständlich, dass das Unterbewusstsein eines älteren Menschen solche Möglichkeiten nicht freiwillig aufgibt. Die Krankheit wird unbewusst festgehalten oder sogar noch verstärkt, um noch mehr Zuwendung zu erhalten. Eine Heilung auf der rein medizinischen Ebene ist in solchen Fällen völlig ausgeschlossen, die Kosten hingegen nicht.

Aber wir wollten nicht nur beklagen, wie es ist oder vielleicht noch werden könnte, wir wollten sehen, wie wir es ändern können. Also, Herr oder Frau „Dr. med. Ich", fangen wir an!

Aber ich bin Ihnen vorher noch eine genauere Antwort auf das „Warum" bei einem Unfall schuldig. Ich bin darauf bisher nur oberflächlich eingegangen. Natürlich wird in einem solchen Fall die „Unfallursache" eindeutig geklärt. Aber steht sie dann damit auch ebenso eindeutig fest? Verzeihung, wenn ich auch daran zweifle, und zwar aus einer eigenen Erfahrung, die ich Ihnen nicht vorenthalten möchte.

In einem einzigen Sommermonat des Jahres 1990 hatte ich im Straßenverkehr zwei Totalschäden zu beklagen, obwohl ich in meiner ganzen vorherigen Fahrpraxis noch nie einen Unfall zu verzeichnen hatte und dies auch nach diesen Ereignissen so blieb.

Die amtlichen Ursachen: Einmal hatte mir ein Lkw die Vorfahrt genommen und mein Auto auf halbe Länge reduziert, und das andere Mal hatte ich jemandem die Vorfahrt genommen und damit beide Fahrzeuge für immer aus dem Straßenverkehr gezogen. Also doch recht eindeutige Ursachen – oder?

Und trotzdem waren es nicht die eigentlichen Ursachen. Die tiefer liegenden Ursachen waren eindeutig in meiner damaligen Lebenssituation erkennbar. Ein Institut für Rücken- und Kreislauftherapie, das ich ein Jahr zuvor gegründet hatte, stand plötzlich vor dem finanziellen Ruin, weil ein Partner wegen eigener Steuerprobleme seinen finanziellen Verpflichtungen gegenüber dem Institut nicht mehr nachkommen konnte.

Auch meine eigenen Mittel waren nach einigen Rettungsversuchen aufgezehrt, und so wurde meine gesamte Lebenssituation ebenso kräftig durchgeschüttelt und verbeult, wie die Fahrzeuge, in denen ich mich bewegt hatte, durchgeschüttelt und verbeult wurden. Wie innen, so außen. Geist steht über Materie, Geist formt Materie. Was auf unserer geistigen Ebene vor sich geht, findet seine Übersetzung auch in der uns umgebenden Materie.

Wenn wir diese Gesetzmäßigkeit kennen und zu unserem Nutzen beherrschen lernen, haben wir einen entscheidenden Schlüssel zu unserer Gesundheit in der Hand.

Wir haben dieses erste Kapitel mit der Frage: „Warum (oder wieso) werden wir eigentlich krank?" begonnen, und ich habe darauf bisher allein mit Erklärungen aus dem Bereich unserer menschlichen Existenz geantwortet. Wir können die Frage natürlich noch wesentlich umfassender stellen und uns z. B. fragen, ob Gott so etwas wie ein Fehler unterlaufen ist, als er uns geschaffen hat.

Warum hat Gott einen Menschen geschaffen, der krank werden kann? Warum hat er nicht einen Menschen geschaffen, dessen Herz im hohen Alter einfach einmal aufhört zu schlagen, um der dann nachfolgenden Generation Platz zu machen, aber bis dahin gesund bleibt?

Wir sagen doch allgemein, dass Gott keine Fehler macht. Aber wie ist dann die göttliche Fehlerfreiheit mit der Möglichkeit unseres Krankwerdens zu vereinbaren? Hat Gott mit dem Menschen etwas geschaffen, was nicht so richtig funktioniert? So, wie wenn wir ein Gerät kaufen, das irgendwann nicht mehr richtig funktioniert? Meist greift ja dann die Herstellergarantie, aber wo greift Gottes Herstellergarantie? Wo können wir die einfordern?

Wenn Sie nicht Gott als Schöpfer sehen, sondern eher der Darwin'schen Evolutionstheorie anhängen, fragen Sie doch einfach, warum die Evolution so unperfekt ist. Evolution bedeutet ja im Kern nichts anderes als dauernde Weiterentwicklung, Anpassung und Vervollkommnung.

Als mir der Vergleich mit der Herstellergarantie in den Sinn kam, musste ich innerlich lachen. Kann man so etwas tatsächlich machen?

Keine Sorge, man kann, und Sie werden gleich sehen, warum man das kann, obwohl dieser Vergleich – wie auch alle anderen Vergleiche – immer an irgendeiner Stelle hinkt.

Nehmen wir als Beispiel ein neues Automobil: Wir haben es gekauft und der Hersteller gibt uns vier Jahre volle Garantie ohne Kilometerbegrenzung. Sehr großzügig, wie ich meine, aber können wir deshalb unbesorgt drauflosfahren? Sind wir damit aller eigenen Sorgfaltspflichten enthoben? Nein! Jede Herstellergarantie hat einen ganz entscheidenden Passus:

> *Für Mängel, die aus unsachgemäßer Benutzung, Missachtung der Betriebsanleitung oder Verletzung der Sorgfaltspflicht entstanden sind, wird keine Haftung übernommen.*

Wenn wir es z. B. versäumt haben, den Ölstand zu kontrollieren, vielleicht sogar den falschen Kraftstoff getankt haben, mit angezogener Handbremse fuhren, das Fahrzeug überladen haben, nachts vielleicht das Licht brennen ließen und das Auto nun den Dienst verweigert, wird der Hersteller trotz aller Garantie nur bedauernd den Kopf schütteln. Sehen Sie, bei Gott ist das nicht anders.

> *Wenn an unserem Körper etwas nicht ganz funktioniert, zeigt das, dass „wir" etwas falsch gemacht haben, nicht Gott.*

Wie beim Automobil haben vielleicht auch wir den falschen Kraftstoff getankt, das Gefährt überladen, vergessen Öl nachzufüllen, sind mit angezogener Handbremse gefahren oder haben nachts mit eingeschalteter Zündung das Licht brennen lassen. Wollen wir dafür Gott verantwortlich machen?

Ganz im Gegenteil: Wir sollten ihm dankbar sein, denn an den aufgetretenen Defekten können wir erkennen, was wir falsch gemacht haben, und damit haben wir die Chance, unser Verhalten zu ändern und zu immer besseren und umsichtigeren Fahrern zu werden.

Ich will Ihnen auch nicht vorenthalten, wo dieser Vergleich zu hinken scheint – ich sage bewusst: scheint –: bei einem Kind z. B., das mit einem Defekt geboren wird. Was kann es falsch gemacht haben?

Auf solche Fragen finden wir so lange keine Antwort, wie wir ein menschliches Leben als einen einmaligen Vorgang zwischen Zeugung und Tod sehen.

Wenn wir hingegen das Leben als einen fortwährenden Wechsel zwischen einer körperlichen und einer rein geistigen Existenz sehen, in dem wir uns in jeder körperlichen Manifestation weiterentwickeln, in der wir unerledigte Aufgaben aus früheren Existenzen mitbringen und neue Aufgaben dazu bekommen, haben wir zumindest den Ansatz einer Antwort in der Hand.

Wenn wir dann noch berücksichtigen, dass alles mit allem verbunden ist, dass wir uns gegenseitig Aufgaben stellen und in jeder Geburt auch eine Aufgabe für die Eltern liegt, kommen wir einer möglichen Erklärung noch näher. Wenn es nicht so wäre, könnte ich an keinen gerechten Gott glauben. Gott wäre dann ein unberechenbarer Despot, der ohne jeden Grund dem einen Menschen Gesundheit und dem anderen Krankheit, dem einen Glück und dem anderen Unglück in die Wiege legt. Aber über solche Folgerungen muss jeder Mensch für sich entscheiden.

Wenn wir uns nun noch einmal bewusst machen, was Krankheit eigentlich bedeutet, nämlich einen Hinweis darauf, dass wir etwas falsch gemacht haben, und damit verbunden auch eine Aufforderung zur Änderung unserer Fahrweise, und uns dann ansehen, wie das moderne Medizinsystem mit Krankheit umgeht und den tieferen Sinn einer Erkrankung vollkommen unbeachtet lässt, dann müssen wir uns nicht wundern, wenn dieses System immer unfinanzierbarer wird und sich selbst in eine Sackgasse manövriert.

Die moderne Medizin kann immer schneller und besser ein Symptom beseitigen, aber sie heilt die Menschen nicht. Und so produziert der ungeheilte Mensch immer neue Symptome, die dann wieder ebenso schnell mit allen Mitteln bekämpft werden usw. usw. Ein endloser Kreisverkehr.

Aber ich hoffe, dass Sie als „Dr. med. ICH" zu einem anderen Bewusstsein kommen und zumindest für sich selbst einen anderen Weg gehen.

„Was" wird eigentlich krank? 2

Der Aufbau des menschlichen Hauses

In seiner grundsätzlichen Zweiteilung von Geist und Materie ist der Mensch eine recht komplizierte Einrichtung, komplizierter als jedes andere Lebewesen, mit dem er sich diese Erde teilt. Was den Menschen so kompliziert macht, ist, dass seine beiden Grundebenen ihrer Natur nach völlig unvereinbar sind. Durch die prinzipielle Unvereinbarkeit von unbegrenztem Geist und begrenzter Materie ist dem Menschen ein permanenter Konfliktstoff vorprogrammiert.

Die eine Seite will, die andere Seite bremst. Die Intuition sagt ja, der Verstand sagt nein, morgen vielleicht ja, und übermorgen wieder ... Das Begrenzte kann das Unbegrenzte nicht verstehen, das Unbegrenzte kann das Begrenzte nicht verstehen.

Diesen lebenslangen Konflikt, diese innere Zerrissenheit, habe ich in meinem Buch „Das Doppel-Ich" an Hand meiner eigenen Lebensgeschichte ausführlich dokumentiert, so dass ich mich hier auf das Wesentliche beschränken kann. Die gute Nachricht daran ist, dass man diese Zerrissenheit durchaus in den Griff bekommen kann.

Zunächst dürfen wir bei unserer kurzen Betrachtung das, was ich hier als Geist bezeichne, nicht mit dem verwechseln, was wir gemeinhin als den Verstand des Menschen ansehen. Verstand ist nicht gleich Geist und Geist ist nicht gleich Verstand. Es ist wichtig, dass wir solche Begriffe gleich am Anfang klären, um Missverständnisse auszuschalten.

Der menschliche Verstand gehört in der von mir hier getroffenen Einteilung eindeutig zur begrenzten, körperlichen Ebene des Menschen. Er entwickelt sich mit der körperlichen Materie und endet mit der körperlichen Materie.

Wenn der Sitz des Verstandes, wenn das Hirn des Menschen nicht mehr durchblutet wird, wenn der Mensch hirntot ist, ist auch sein Verstand tot, gleichgültig, was wir diesem Verstand auch noch so mühsam eingepaukt haben und was er in unserem Leben auch noch so gerne geplappert oder auch nur nachgeplappert hat.

Wir können dies z. B. bei der Alzheimerschen Erkrankung beobachten, bei der mit der Zeit immer mehr Areale des Hirns absterben. Die mit den absterbenden Hirnarealen verbundenen Fähigkeiten und Fertigkeiten des Menschen sind für ihn damit unwiderruflich verloren. So kann es sein, dass er eines Tages vor einem Löffel sitzt, den er Hunderttausende Mal in seinem Leben benutzt hat, ihn staunend betrachtet und nicht mehr weiß, was er mit so einem seltsamen Ding anfangen soll.

Die geistige Ebene des Menschen hingegen ist unsterblich und von der Existenz eines materiellen Körpers völlig unabhängig. Diese geistige Ebene existiert vor dem materiellen Körper und bleibt auch nach dem Tod des materiellen Körpers existent.

> *Das geistige Ich,*
> *unser unbegrenztes Sein,*
> *das wir auch als Bewusstsein oder*
> *als Seele bezeichnen können,*
> *bewohnt für eine Weile*
> *einen menschlichen Körper,*
> *um darin bestimmte Erfahrungen*
> *machen zu können.*

Unser begrenzter Körper ist sozusagen ein „Haus auf Zeit" für ein unbegrenztes, zeitloses, geistiges Sein. Wir, das geistige Ich, beziehen dieses Haus und wir verlassen dieses Haus auch wieder. Die logische Konsequenz:

Wir haben dieses körperliche Haus, aber wir sind nicht dieses körperliche Haus.

Sie würden doch auch nicht behaupten, dass Sie Ihr Haus im Eichenweg 5 – oder wo auch immer – sind. Sie würden mir höchstens sagen, dass das Ihr Haus ist.

Neben den beiden Grundebenen von Geist und Materie hat der Mensch zusätzlich noch so etwas wie eine Gefühlsebene. Er kann z. B. fröhlich oder traurig sein, kann lachen oder weinen, kann lieben oder hassen. Wo ist aber dann, bei der Betrachtung der beiden Grundebenen Geist und Materie, die Gefühlswelt des Menschen einzuordnen und wo kommen z. B. seine Gefühle her?

Die Gefühlswelt des Menschen – oder bezeichnen wir sie von nun an als „mentale Ebene" – ist so etwas wie ein Zwischending zwischen den beiden Polen Geist und Materie.

Die mentale Ebene des Menschen ist nichts Eigenständiges. Sie bezieht ihre Impulse immer und ausschließlich aus einer der beiden Hauptebenen. Die mentale Ebene reagiert, die beiden anderen Ebenen agieren. Ohne die beiden Hauptebenen als Impulsgeber wäre die mentale Ebene praktisch nicht existent.

Fröhlichkeit und Traurigkeit, Liebe und Hass, Lachen oder Weinen können dabei von jedem der beiden Pole Geist und Materie ausgelöst werden.

Die gesamte Schöpfung Erde ist im Prinzip der Polarität angelegt. Alles hat zwei gegensätzliche Pole.

Jeder Begriff, den wir kennen, existiert nur dadurch, dass es einen Gegenpol zu ihm gibt. Hoch – tief, schnell – langsam, laut – leise, kalt – warm, schön – hässlich, männlich – weiblich, usw. Alles hat zwei Pole, alles hat zwei Seiten, so auch der Mensch. Wie wir gesagt haben: unbegrenzter Geist und begrenzte Materie.

Eine kraftvolle Fröhlichkeit, Lebensbejahung und entsprechende Glücksgefühle können z. B. schon allein von unserer rein geistigen Ebene ausgelöst werden, sie können aber auch dadurch ausgelöst werden, dass es uns körperlich besonders gut geht, dass uns jemand liebevoll streichelt oder dergleichen.

Gefühle sind immer Reaktionen. Es ist wie bei einem Ton, den wir hören. Der Ton existiert nicht aus sich selbst heraus. Er ist immer von etwas ausgelöst worden, dem Wind, einem Musikinstrument, dem Zusammenklatschen unserer Hände usw. Kein Ton ohne das auslösende Element! Auch unsere Gefühlsskala ist so etwas wie eine Tonleiter.

Aber nun hört man doch auch immer wieder die Formulierung *Körper, Geist und Seele*, danach wären es dann doch drei und nicht nur zwei grundsätzliche Ebenen, wie ich sie hier darstelle.

Dass immer wieder von Körper, Geist und Seele gesprochen wird, ist zwar richtig, aber noch niemand hat mir den Unterschied zwischen Geist und Seele einigermaßen befriedigend erklären können, oder er verwechselte Geist mit Verstand und Gefühl mit Seele.

Noch einmal: Nur die unbegrenzte, geistige Ebene können wir als Seele – oder umgekehrt – die Seele als unsere unbegrenzte, geistige Ebene bezeichnen. Beide Begriffe bezeichnen gleichermaßen das Unbegrenzte, das von unserem materiellen Körper Unabhängige. Dieses Unbegrenzte ist ebenso wenig in Unterbegriffe teilbar, wie Gott in Unterbegriffe teilbar ist.

Auch die oft gehörte Aufforderung, „einmal die Seele baumeln zu lassen", ist eine unpräzise Verwässerung. Wo und wie sollen wir denn die Seele, die unbegrenzt göttliche Ebene in uns, baumeln lassen? Wir können sie höchstens zulassen, uns ihrer bewusst werden, wir können und sollten sogar unser Ich mit dieser Ebene identifizieren. Aber wie können wir sie baumeln lassen?

Ist die geistige Ebene unteilbar, so kann man auf der begrenzten, körperlichen Ebene ohne Schwierigkeit unzählige weitere Unterteilungen vornehmen. Wenn wir uns z. B. die Liste der fachärztlichen Bereiche ansehen, haben wir dazu ein recht aussagekräftiges Beispiel.

Aber ich möchte auch diese Unterteilungswut auf ein notwendiges Maß reduzieren. Natürlich ist Körper nicht gleich Körper. Unser Nervensystem z. B., das durch die Übermittlung schwach elektrischer Impulse funktioniert, besitzt einmal die Nervenbahn als physisch nachweisbare körperliche Materie, aber der durch diese Bahnen geleitete schwachelektrische Impuls liegt wieder außerhalb jeder körperlichen Materie.

Wenn wir dann noch die sogenannten Meridiane betrachten, die der Akupunktur-Lehre zu Grunde liegen, fehlen die beim Nervensystem nachweisbaren Leitungsbahnen sogar völlig. Wir bewegen uns dann außerhalb jeder körperlichen Materie auf einer rein energetischen Ebene. Lassen Sie mich die fünf Ebenen des Menschen, so wie ich sie definiere, wie folgt aufzeigen:

Die fünf Ebenen unseres körperlichen Hauses

Ebene 5
Unbegrenzter und unsterblicher Geist,
göttlicher Funke, Seele.

⇓

Ebene 4
Mentale Ebene, gesamte Gefühlswelt.
Liebe und Hass, Traurigkeit und Fröhlichkeit.

⇕

Ebene 3
Zentrale, Unterbewusstsein, Archiv.
Sitz unserer Denk- und Verhaltensmuster.

⇕

Ebene 2
Elektromagnetische Ebene.
Nerven und Hirnfunktionen, Verstand.
Energetische Ebene.

⇕

Ebene 1
Körperliche Materie, Haut, Knochen, Organe.
Biologische und biochemische Abläufe.

Die Pfeile zeigen die wechselseitige Beeinflussung der einzelnen Ebenen von oben nach unten, wie von unten nach oben. Einzig unbeeinflusst ist die Ebene 5.

Wenn wir das Bild dieser fünf Ebenen betrachten, stellt sich zwangsläufig die Frage, wer oder was denn nun eigentlich unser „Ich" ist. Oder ist unser „Ich" ganz einfach die Gesamtheit dieser fünf Ebenen?

Solange wir in einem funktionsfähigen menschlichen Körper stecken, sind wir natürlich so etwas wie eine Gesamtheit dieser fünf Ebenen. Sobald aber der Körper seine Funktion einstellt, sobald er stirbt, gehen „wir" wieder getrennte Wege. Der Körper verwest oder wird verbrannt, die unbegrenzte Seele, das unbegrenzte Sein, lebt auf einer spirituellen Ebene weiter.

Wenn Sie religiös anmutende Erklärungen zu diesem Thema ablehnen, können Sie die gleiche Erkenntnis auch aus der Wissenschaft der sogenannten „Todesnahen Forschung" entnehmen, wie sie z. B. von Frau Dr. med. Kübler-Ross betrieben wurde. Wir haben danach ziemlich genaue Kenntnisse über das, was im Tode eines Menschen vor sich geht.

Wir erleben den Tod des eigenen Körpers wie aus der Perspektive eines Zuschauers. Wir erkennen und betrachten unseren Körper, wir fühlen, wie wir uns immer mehr von unserem Körper entfernen, wir schweben über unserem Körper und erleben dabei ein wunderbares Gefühl der Befreiung. Endlich können wir dieses enge Gefängnis verlassen. Unser Bewusstsein bleibt dabei unverändert bestehen, wir nehmen weiterhin alles wahr.

Wenn Ihnen diese wissenschaftlich fundierten Erkenntnisse noch nicht bekannt sind, empfehle ich Ihnen die entsprechende Literatur von Fr. Dr. med. Kübler-Ross, die Sie über jede Buchhandlung beziehen können.

Aber was ist nun, wenn wir krank werden? Darum geht es uns ja in diesem Buch. Wer oder was wird dann eigentlich krank? Wird immer nur eine der fünf Ebenen krank, oder ist es auch in einem solchen Fall die Gesamtheit aller Ebenen, die krank wird?

Also, die Gesamtheit aller Ebenen kann schon deshalb nicht krank werden, weil die fünfte und mächtigste Ebene – unbegrenzter und unsterblicher Geist – nicht krank werden kann, obwohl auch hier immer wieder von „Geistes-" wie auch „seelischen Krankheiten" gesprochen wird. Dabei wird offensichtlich wieder einmal Geist mit Verstand und die Seele mit der mentalen Ebene verwechselt.

> *Unser göttlicher Kern, unser wahres*
> *und unbegrenztes Sein,*
> *kann nicht krank werden.*

Wenn Geist oder die Seele krank werden könnte, müsste auch Gott krank werden können, aber davon hat man bisher noch nichts gehört.

Wenn also die fünfte und mächtigste Ebene nicht krank werden kann, ist also auch niemals die Gesamtheit, sondern immer nur ein Teil unserer Gesamtheit krank.

Wir dürfen also niemals sagen, dass „wir" krank sind. Dies wäre ganz einfach falsch.

Es ist also allein eine Frage der Identifikation unseres Ichs, ob wir uns nun als gesund oder krank bezeichnen und dann auch entsprechend fühlen. Halten Sie dies bitte nicht für eine Wortklauberei, Sie werden sehen, dass diese Unterscheidung von elementar wichtiger Bedeutung ist.

> *Nicht „ich" bin krank,*
> *lediglich mein Körper,*
> *oder genauer gesagt ein Teil*
> *– oder auch nur eine Stelle –*
> *meines Körpers ist krank.*
> *„Ich" bin gesund!*

Bei einer Heilung geht es nun darum, diese unsere grundsätzliche Gesundheit auch wieder auf die Region des Körpers zu übertragen, die augenblicklich ein Problem hat und aus der Gesundheit ausgeschert ist.

Was soll es aber für einen Unterschied machen – wenn z. B. meine linke Niere nicht richtig arbeitet –, ob ich nun sage, dass „ich" krank bin, oder ob ich sage, dass „meine linke Niere" krank ist? Nun, darin liegt ein ganz gewaltiger Unterschied.

Dieser kleine Unterschied kann z. B. eine Aktivierung oder eine Lähmung unserer Selbstheilungskräfte zur Folge haben, und diese Selbstheilungskräfte sind die wichtigste Medizin, die Ihr innerer Arzt zur Verfügung hat. Sie können sie in keiner Apotheke der Welt kaufen, und trotzdem sind sie das mächtigste Heilmittel, das es gibt.

Diese erste und wichtigste Chance einer Heilung besteht also darin, dass wir uns bewusst machen, wer oder was wir eigentlich sind, was eigentlich krank ist und was gesund ist, und dass wir uns bewusst machen, welch mächtige Kräfte wir als das „unbegrenzte, geistige Wesen" in diesem Körper zur Verfügung haben.

Jeder von uns verfügt über enorme Heilkräfte, wenn wir uns dessen bewusst sind und diese Kräfte auch bewusst aktivieren.

Wenn wir uns trauen, wenn wir es für möglich halten, wenn wir daran glauben, dass wir uns selbst heilen können und die Verantwortung für unsere Gesundheit nicht einfach abgeben. Gott hat uns nicht unkomplett erschaffen. Gott ist nicht unfair, er serviert uns keine unlösbaren Aufgaben.

Wie wir bereits im vorherigen Kapitel gesagt haben: Gott hat keine Fehler gemacht. Es fehlt uns an nichts. Wir besitzen alle notwendigen Werkzeuge. Das einzige Problem dabei ist, dass wir uns des Besitzes dieser Werkzeuge nicht einmal bewusst sind. Wir sind wie Fische, die im Meer herumschwimmen und verzweifelt nach dem Meer suchen.

> *Geist ist stärker*
> *als körperliche Materie.*
> *Geist steht über Materie.*
> *Geist formt Materie.*
> *Geist ist der Ursprung aller Materie.*

Wir sind unbegrenzte, geistige Wesen in einem begrenzten, körperlichen Haus. Wir sind der Hausherr, wir bestimmen über dieses Haus, wir sind nicht dieses Haus, wir haben dieses Haus.

Wenn an unserem Haus irgendetwas nicht richtig funktioniert, wäre es doch falsch zu sagen, dass „wir" nicht richtig funktionieren. Wir sind in Ordnung, lediglich ein Fenster schließt nicht richtig, eine Wasserleitung tropft, eine Pumpe arbeitet nicht mehr ganz so zuverlässig usw.

Nun, was werden wir als Hausherr tun? Wir werden uns den Schaden anschauen, dann versuchen, den Schaden zu reparieren, oder einen Handwerker damit beauftragen, den wir sorgfältig ausgesucht haben und dem wir bei seiner Arbeit tunlichst genau auf die Finger schauen.

Erstens können wir dabei etwas lernen und zweitens können wir sicher sein, dass er auch nur das tut, was wir von ihm erwarten, und keine unnötigen Dinge anfängt oder gar berechnet.

Vermutlich kennen Sie die Anekdote vom Handwerker, der in den Himmel kommt und sich bei Petrus bitterlich darüber beschwert, dass er nur sechsundfünfzig Jahre alt werden durfte. Petrus schaut zuerst den Mann an, schaut dann in sein großes Buch und hält ihm vor, dass er nach den Stunden, die er seinen Kunden berechnet hat, immerhin das gesegnete Alter von fünfundachtzig Jahren erreichen durfte. Damit meine ich natürlich keineswegs das in Deutschland gültige Abrechnungssystem für ärztliche und andere medizinische Leistungen. Ein Schuft, der so etwas denken könnte.

Aber schauen wir uns doch jetzt „unser Haus" einmal etwas genauer an.

Die Ebene 1, die Grundebene, ist relativ einfach zu verstehen. Es ist das, was wir als körperliche Materie bezeichnen – Knochen, Muskeln, Fett, Fleisch, Haut – und das, was an biologischen und biochemischen Vorgängen darin abläuft und vom autonomen Nervensystem, ganz ohne unser bewusstes Zutun, gesteuert wird. Unsere Verdauung z. B., die Regelung der Körpertemperatur, das Wachsen unserer Haare, der Fingernägel, der Kreislauf usw.

Die Ebene 2 ist schon etwas komplizierter. Sie ist das, was ich als elektro-energetische Ebene bezeichne, und dazu gehört vor allem die Funktionsweise unseres Nervensystems. Während unsere Nervenbahnen der körperlichen Materie zuzuordnen sind und unseren Körper wie ein festes Kabelnetz durchziehen, sind die diese Bahnen durchfließenden Impulse schwachelektrischer Natur und liegen damit außerhalb der festen körperlichen Materie.

Über die Akupunktur-Meridiane haben wir schon gesprochen. Hier sind energetische Ströme feststellbar, die über keinerlei Kabelnetz verfügen. Im Prinzip gehört auch der technische Ablauf unserer Verstandestätigkeit in die elektro-energetische Ebene. Auch unsere Hirntätigkeit besteht aus Aussenden, Empfangen, Verarbeiten und Weiterleiten schwachelektrischer Impulse, die wir dann z. B. in einem EEG ebenso messen können wie die Herzfrequenzen in einem EKG. Wir stehen also sozusagen immer unter Strom.

Die Ebene 3 beinhaltet unter anderem auch unsere unbewusste Ebene. Dieses Unterbewusstsein ist wie ein ungeheures Archiv, in dem unsere sämtlichen Erfahrungen gespeichert sind. Wenn unser Verstand denkt, bedient er sich bei seiner Tätigkeit zunächst immer der Aufzeichnungen dieses Archivs, um dann zu einer Entscheidung oder zu einem Urteil zu kommen. Darin liegt ein nicht ganz unwesentliches Problem: Durch seine Arbeitsweise hält er uns mehr oder weniger in der Vergangenheit fest oder wagt nur einen kleinen, begrenzten Schritt ins Neuland. Unser Verstand ist dadurch in der Regel mehr Bremse als Antrieb, weiß meist eher, warum etwas nicht geht, als dass es geht.

Die Ebene 4 liegt schon völlig außerhalb jeder Materie. Sie ist das, was ich als mentale Ebene bezeichnet habe und von der ich gesagt habe, dass sie wenig Eigenständigkeit besitzt und ihre Impulse aus der darüber oder den darunter liegenden Ebenen bezieht. Sie erinnern sich an den Vergleich mit einem Ton. Wenn Sie sich noch einmal das Bild der fünf Ebenen betrachten, wird Ihnen dieser Mechanismus recht deutlich werden. Körperliches Wohlbefinden wie auch geistig-seelisches Wohlbefinden können sich gleichermaßen auf der Ebene 4 niederschlagen.

Die Ebene 5 ist unser unbegrenztes, geistiges Sein, unser wahres Ich. Von dieser mächtigsten Ebene aus können wir alle darunter liegenden Ebenen beeinflussen, und damit haben wir wesentlich größere Möglichkeiten der Einflussnahme, als ein Arzt sie von außen jemals haben könnte. „Wir selbst" sitzen an der mächtigsten Heilquelle.

Als ich dieses Modell der fünf Ebenen erstmals entwickelt habe, sah ich die unbewusste Ebene als Ebene 4. Inzwischen bin ich aber zu der Erkenntnis gekommen, dass es zutreffender ist, sie als Ebene 3 zu betrachten, denn sie steht eindeutig zwischen Intuition (Geist) und Ratio (Verstand). Sie ist die Ebene, auf der sich die grundsätzliche Unvereinbarkeit von Geist und Materie am stärksten austobt.

Aber was fangen wir nun mit einem solchen Modell an, wenn – wie wir es schon einmal beispielhaft gesagt haben – unsere linke Niere nicht richtig arbeitet? Gehen wir bei dieser Klärung in kleinen Schritten voran und hüten wir uns vor schneller Pfuscharbeit.

Warum funktioniert etwas nicht richtig? 3

Unsere erste Analyse als „Dr. med. Ich"

1. Als „Dr. med. Ich" brauchen Sie in unserem Beispiel der nicht korrekt arbeitenden linken Niere zunächst eine klare Vorstellung davon, wie eine Niere normalerweise arbeitet und welche Funktion sie in der Ganzheit des Körpers wahrnimmt. Wenn wir etwas reparieren wollen, brauchen wir eine klare Vorstellung davon, wie es normalerweise funktioniert, oder wir können es nicht reparieren. Also machen wir uns kundig.

   Es gibt hervorragende Bücher mit ebenso hervorragenden Darstellungen über die Funktionsweise eines Organs, die von jedem Laien verstanden werden können. Es gibt sogar Fotografien und andere Darstellungen aus dem Inneren eines Organs, wie sie z. B. im Stern-Buch „Kunstwerk Körper" oder in einem Buch von Lennart Nielsson mit dem Titel „Leben" enthalten sind.

2. Wenn Ihnen, verehrter Herr oder verehrte Frau „Dr. med. Ich", nun klar ist, wie die Niere normalerweise funktioniert und welche Aufgabe sie hat, machen Sie sich ein ebenso klares Bild davon, was nun in Ihrem eigenen Organ nicht richtig abläuft. Wo liegt der Fehler, wo liegt das Problem? Wenn diese Feststellung für Sie alleine zu schwierig ist, lassen Sie es sich von Ihrem Arzt oder Heilpraktiker erklären. Meist gibt es Röntgenaufnahmen oder anderweitige Bilddokumentationen, die erkennen lassen, was hier nicht richtig funktioniert.

3. Wenn Sie nun wissen, wie es funktionieren sollte, aber leider nicht richtig funktioniert, haben Sie lediglich den ersten Schritt

getan. Fragen Sie weiter, *warum* es nicht richtig funktioniert, und seien Sie nicht enttäuscht, dass Sie darauf in den seltensten Fällen eine klare Antwort bekommen. Bleiben Sie hartnäckig, Sie müssen dieses *„Warum"* finden, um einen erfolgversprechenden Ansatz zu haben.

Geben Sie sich z. B. nicht mit der Erklärung zufrieden, dass ein Steinchen den linken Harnleiter blockiert und damit den normalen Urin-Abfluss stört. Warum hat sich da ein Steinchen gebildet? Wo kommt es her? Es war doch vorher nicht da.

Auch die darauf mögliche Antwort, dass Ihre linke Niere einen bestimmten Stoff nicht richtig ausfiltert, der sich dann zu kleinen Steinchen kristallisiert, darf Sie noch keineswegs zufrieden stellen. *„Warum"* verarbeitet Ihre linke Niere diesen Stoff nicht richtig? Die rechte Niere macht das doch ganz brav. Fragen Sie so lange *warum*, bis Sie Ihr Gegenüber damit zur Verzweiflung bringen. Sie zwingen damit zum Nachdenken.

4. Nun werden Ihnen die professionellen Medizinmänner und -frauen versichern, dass ein solches Steinchen heute kein größeres Problem mehr darstellt und man es ohne jeden operativen Eingriff durch Schallwellen zertrümmern kann, so dass der Abfluss wieder frei wird. Richtig, aber leider nur die halbe Miete.

Wenn Sie auf diesem Weg ein Steinchen loswerden, aber nicht gleichzeitig auch an die Ursache der Steinbildung herankommen, wird sich das nächste und übernächste Steinchen mit großer Wahrscheinlichkeit ebenso wieder bilden, wie sich das erste Steinchen gebildet hat. Sie werden auf diesem Wege steinreich. Ich weiß nicht, ob Sie Ihren Wunsch nach Reichtum so verstanden hatten.

5. Trotzdem würde ich an Ihrer Stelle dem Rat der Mediziner folgen und das Steinchen zertrümmern lassen. Es kann wahnsinnige Schmerzen auslösen, wenn dieses scharfkantig kristallisierte Steinchen die Innenwände des Harnleiters verletzt und dadurch

eine totale Verkrampfung auslöst. Dagegen ist die Prozedur des Zertrümmerns – obgleich auch nicht ganz angenehm – so etwas wie ein verregneter Sonntags-Ausflug. Ist das Steinchen nun zertrümmert, wird man Sie vielleicht bitten, durch ein sehr feines Sieb zu urinieren, um den Grieß aufzufangen und ihn analysieren zu können. Dies ist schon sehr fortschrittlich. Nach der Analyse kann man Ihnen dann in den meisten Fällen sagen, um welche Substanzen es sich handelt und was Sie demnach in Ihrer Nahrungsaufnahme vermeiden sollten. Mit dieser letzten Empfehlung betrachtet die Schulmedizin das Problem als erledigt. Stein zertrümmert, Harnleiter wieder frei, Patient geheilt, Vorsorge empfohlen.

Aber nun beginnt Ihr Arbeitsfeld, verehrter Herr oder Frau „Dr. med. Ich", denn das Problem ist keinesfalls erledigt. Alles, was bisher geschah, spielte sich allein auf der Ebene der körperlichen Materie ab, der Ebene 1. Auf dieser Ebene aber zeigt sich lediglich das, was auf den darüber liegenden Ebene verursacht worden sein muss, oder es hätte nicht stattfinden können.

Materie kann sich nicht aus sich heraus verändern. Die linke Niere kann nicht plötzlich aus sich heraus beschlossen haben, einen bestimmten Stoff nicht mehr oder nicht mehr ausreichend zu verarbeiten. Es muss dazu einen Anstoß aus einer darüber liegenden Ebene gegeben haben, und wenn Sie diese Verbindung, die zum Problem geführt hat, erkennen, können Sie sie als Ansatz zur Heilung nutzen. „Sie", das unbegrenzte geistige Wesen in diesem Körper, der Herr dieses körperlichen Hauses. Nicht Sie sind krank, lediglich Ihre linke Niere hat ein kleines Problem.

Nun vergegenwärtigen Sie sich bitte noch einmal, dass wir gesagt haben, dass der Körper das Spiegelbild des Geistes ist, der darin wohnt. Geist agiert – Materie reagiert. Weil dieses Verständnis von enorm wichtiger Bedeutung ist, darf ich es noch einmal an einem anderen Beispiel erklären, und dazu scheint mir das Auto wieder einmal geeignet.

„Wir" können das perfekteste Automobil aller Zeiten entwickeln, in dem wirklich keine Technik fehlt. Solange „wir" uns nicht in dieses Auto hineinsetzen, seinen Motor zünden und es bewegen, bleibt es lediglich ein Stück unbewegter Materie.

Es wird sich niemals von alleine bewegen, es wird sich niemals von alleine verändern, es sei denn, der Rost frisst es eines Tages auf, natürlich auch eine Veränderung. Nun ist unser menschlicher Körper etwas sehr viel Komplizierteres als ein Automobil, trotzdem gilt die gleiche Gesetzmäßigkeit.

*Wir steuern diesen Körper.
Wir bewegen diesen Körper.
Ohne uns ist der Körper
lediglich ein Stück lebloser Materie.*

Wenn nun an oder in unserem Körper etwas nicht korrekt funktioniert, müssen „wir" etwas falsch gemacht haben. Wir haben bereits in der Einleitung darüber gesprochen. Wir sind der verantwortliche Fahrer. Hätten wir keine Fehler gemacht, wäre auch kein Schaden entstanden, und es wäre beim ganz normalen Verschleiß geblieben.

*Aber was haben wir falsch gemacht?
Womit haben wir den Schaden verursacht?*

Bleiben wir bei unserem Beispiel der linken Niere, die ein Harnleitersteinchen produziert hat. Wir wissen aus der psychosomatischen Medizin, dass z. B. Stress, Unzufriedenheit, Ablehnung, Angst, Unsicherheit, Lieblosigkeit, Wut, Erniedrigung, Hass und eine Vielzahl anderer ungelöster mentaler Probleme sich in ganz bestimmten Organen unseres Körpers niederschlagen und dort auf

Dauer zu Fehlfunktionen führen können. Ich versuche, dies so einfach wie möglich zu erklären.

Die Übertragung mentaler Probleme auf die körperliche Ebene hängt mit der Konstruktion und Funktion unseres Hirns zusammen, dessen wichtigster Teil, unser autonomes Nervensystem, alle unbewusst ablaufenden Vorgänge wie z. B. Atmung, Verdauung, Körpertemperatur usw. steuert. So natürlich auch die Funktion unserer Nieren.

Ein anderer Teil unseres Hirns, das so genannte „Limbische System", ist dagegen für Triebverhalten, Instinkte und Emotionen zuständig. Wieder andere Teile des Hirns sind für Sprache, Sehen, Fühlen, abstraktes Rechnen usw. zuständig. Da alle Teile unseres Hirns durch 100 Milliarden Nervenzellen vollkommen miteinander vernetzt sind, stehen natürlich auch alle Teile unseres Hirns in Verbindung. Besonders intensiv ist die Verbindung zwischen dem Limbischen System, das man auch als „mentales Hirn" bezeichnet, und dem autonomen Nervensystem, die sehr enge Berührungspunkte haben.

So ist es möglich, dass ein emotionaler Stress oder z. B. ein ungelöster Konflikt, der im Limbischen System gespeichert ist, auf dem Weg über das autonome Nervensystem zu einem körperlichen Symptom führen kann.

Speicherungen ungelöster mentaler Konflikte sind im Limbischen System als kleine, energetisch wirksame Punkte diagnostizierbar. Die Energie, die diese Punkte abstrahlen, kann auf Dauer zu einer Beeinflussung des autonomen Nervensystems und damit zur Störung in der Steuerung eines Organs führen. Es ist, wie wenn ein Störsender den normalen Sendebetrieb beeinträchtigt.

Bei der Niere sind die klassischen Auslöser einer organischen Fehlfunktion: Angst, Schuldgefühle, Enttäuschung, Stress, Demoralisierung, das Gefühl von Machtlosigkeit usw. *Es geht uns sozusagen „an die Nieren".* Sie kennen diesen und ähnliche Ausdrücke aus dem Volksmund. Sie haben allesamt einen tiefen und über Jahrhunderte gewachsenen Erfahrungsgehalt. Es sind nicht nur Sprüche.

Diese Dinge sind dann die eigentliche Ursache unseres Nierenproblems.

Sie sind die Antwort auf unsere „Warum"-Frage und an diesen Ursachen können wir nur selbst arbeiten. Hier haben nur wir Zutritt. Wir können uns zwar helfen lassen, bestimmte Dinge zu erkennen, jemand von außen kann uns sicher so einiges in unseren Verhaltensstrukturen bewusst machen, aber ändern können wir es dann nur selbst.

Wie wir solche Strukturen selbst erfolgreich ändern und ungelöste Konflikte auflösen können, werde ich Ihnen später noch erklären.

Das richtige Werkzeug wählen 4

Die Urkraft unserer Gedanken und Vorstellungen

> *Gedanken, Vorstellungen und Bilder,*
> *die sich in unserem Kopf drehen,*
> *haben unmittelbare Auswirkungen*
> *auf unsere mentale und auch*
> *auf unsere körperliche Ebene.*

Sie können dies selbst sofort und auf der Stelle ausprobieren. Wollen Sie? Also, was ist z. B. Ihr Lieblingsgericht? Schließen Sie einen Moment die Augen und stellen Sie sich vor, dass dieses Gericht jetzt für Sie zubereitet wird. Sie sehen es bereits vor Ihrem geistigen Auge, Sie sehen es dampfen, Sie riechen es, ja, Sie schmecken es bereits und wissen auch genau, was Sie dazu trinken werden.

Die Folge: Ihr Körper reagiert sofort auf dieses Bild, und nicht nur sprichwörtlich läuft Ihnen das Wasser im Mund zusammen. Aber dies ist noch nicht alles. Die Zusammensetzung Ihres Speichels hat sich aufgrund Ihrer Vorstellung ebenso verändert, wie sich die Zusammensetzung Ihrer Magensäfte verändert hat. Derartige Veränderungen sind wissenschaftlich korrekt messbar.

Ihr Körper hat sich blitzschnell auf die Aufnahme und Verdauung dessen vorbereitet, was Sie ihm mit Ihrer bildhaften Vorstellung signalisiert haben. Die geschilderten Mechanismen machen keinen Unterschied zwischen einem Bild, das Sie vor Ihrem geistigen Auge entwickeln, und einem Bild, das Sie mit Ihren physischen Augen tatsächlich sehen – positiv wie negativ.

Die Gegenprobe: Wenn Sie eine solch bildhafte Vorstellung z. B. in einem Restaurant hatten, als Sie Ihre Bestellung aufgaben, und nun der Ober kommt, um Ihnen mitzuteilen, dass das Gericht leider ausgegangen sei, kann Ihnen etwas anderes nicht mehr so recht schmecken. Sie blättern lustlos in der Ihnen abermals überreichten Speisenkarte herum. Das auf der mentalen und körperlichen Ebene einmal angelaufene Programm lässt sich so schnell nicht wieder umstellen. Ein rechter Appetit auf etwas anderes kann, zumindest im Moment, nicht aufkommen.

Ein anderes Beispiel: Wenn Sie sich bildhaft etwas vorstellen, was z. B. Angst in Ihnen auslöst oder vor dem Sie sich ekeln, reagiert Ihr Körper auf diese Vorstellung wahrscheinlich mit einer Gänsehaut, es läuft Ihnen kalt den Rücken hinunter oder Ihr Kreislauf spielt verrückt, reagiert mit einem Schweißausbruch oder das Herz beginnt zu rasen. Bei mir löst die Vorstellung, in einer engen Röhre gefangen zu sein und nicht mehr vor- noch rückwärts zu können, die geschilderten Reaktionen aus. Dies muss etwas mit einer gespeicherten Erfahrung aus meinem Geburtsvorgang zu tun haben.

Wir wissen auch, dass sexuelle Vorstellungen sofort zu einer körperlichen Reaktion führen können, was vor allem in der Pubertät bei beiden Geschlechtern gleichermaßen zu beobachten ist, aber auch in späteren Lebensaltern so erhalten bleibt.

Ein anderes, recht extremes Beispiel: Wenn ich Sie hypnotisieren und Ihnen dann suggerieren würde, dass ich jetzt mit dieser rotglühenden Münze Ihre Haut berühre und dadurch natürlich ein kleiner Brandfleck entsteht, entsteht dieser Brandfleck auch dann, wenn ich Sie in der Realität lediglich mit einer (normal temperierten) Münze aus meiner Hosentasche berühre. Das Bild, das ich Ihnen in Hypnose suggeriert habe, ist für Ihren Körper die absolute Wahrheit. Die Berührung mit der Münze verursacht in der geschilderten Situation tatsächlich einen Brandfleck in der Form der Münze. Bitte probieren Sie es nicht aus, es ist absolut schmerzhaft.

Aber es gibt noch weit extremere Beispiele der Anwendung dieser Mechanismen: Wenn sich z. B. ein indischer Fakir mit nacktem Oberkörper in einem Haufen spitzer und schneidender Glasscherben wälzt und dann auch noch einige Umherstehende bittet, sich mit ihrem ganzen Gewicht auf seine Brust zu stellen, ohne dass anschließend auch nur der kleinste Kratzer an seinem Rücken feststellbar ist, dann hat er möglicherweise das Bild vor seinem geistigen Auge gehabt, wie er sich am Strand mit seinem Rücken im angenehmen, warmen und weichen Sand wälzt.

Wenn dieses Bild die absolute Wahrheit für ihn ist, reagiert sein Körper auf dieses Bild und nicht auf die Realität der Glasscheiben. Würde er auch nur einen Moment an diesem Bild zweifeln und ihm die Realität der Glasscheiben bewusst werden, wäre er wohl reif für eine Notoperation. Seine Haut ist nicht anders als unsere Haut, lediglich seine geistige Vorstellungskraft hat er besser trainiert, als wir sie normaler Weise trainiert haben.

Nun will ich Sie nicht zum Fakir machen, eine solche Schaustellerei hat keinen Sinn – oder vielleicht doch? Sinn hat sie allein dadurch, dass sie in eindrucksvoller Weise ein Prinzip demonstriert, dem auch wir immer und überall unterliegen.

Dieses Prinzip heißt: „Geist steht über Materie." Das Bild, das ein Fakir vor seinem geistigen Auge produziert und das dann die Reaktion seiner körperlichen Materie total bestimmt, ist im Prinzip nichts anderes, als wenn wir dem Ober eine Bestellung aufgeben, unser Lieblingsgericht schon vor unserem geistigen Auge sehen und unser Körper darauf reagiert.

Gültige Prinzipien sind immer
und überall gleichermaßen wirksam:
Wie innen, so außen,
wie oben, so unten,
wie im Größten, so im Kleinsten.

Aber nicht nur unsere körperliche Materie reagiert auf solch bildhafte Vorstellungen, auch die mentale Ebene wird in gleicher Weise beeinflusst. Ein Bild, eine Vorstellung, eine Erwartung usw. kann Fröhlichkeit oder auch Traurigkeit in uns auslösen. Das, was sich in unserem Kopf und in unseren Vorstellungen abspielt, ist so etwas wie eine vorgetäuschte Wahrheit.

Obwohl die augenblickliche Realität möglicherweise ganz anders ist, wird diese (Realität) in den Hintergrund gedrängt, und das Bild oder die Vorstellung, die sich in unserem Kopf dreht, wird zur Wahrheit.

> *Wenn wir dahin kommen,*
> *diese Prinzipien für uns*
> *und nicht gegen uns wirken zu lassen,*
> *haben wir ein Stück*
> *Hausherrenschaft erreicht.*

Ein oft erlebtes Beispiel für die Wirkung dieses Prinzips „gegen uns statt für uns" sind alle Arten angstauslösender Vorstellungen. Die Angst vor Verarmung z. B., die Angst vor Krankheit, Verlassensangst, Verlustangst, Prüfungsangst, die Angst öffentlich reden zu müssen usw.

Wenn wir z. B. Angst haben, etwas zu verlieren, haben wir es ja im Moment noch, oder wir brauchten keine Angst zu haben, es zu verlieren.

Und trotzdem kann die Angst vor dem Verlust, die ja nur ein theoretisches Konstrukt ist, sogar die Freude am Haben verderben. Dieses Phänomen ist z. B. auch sehr häufig in Partnerschaften zu beobachten. Wenn jemand Angst hat, seinen Partner zu verlieren, ist er bereits dabei, ihn zu verlieren, denn er setzt mit einer Angst eine Energie in Bewegung, die genau das anzieht, wovor er Angst hat.

Wir reagieren allzu oft auf etwas, was im Moment gar nicht stattfindet, sondern lediglich in unserer Vorstellung existiert. Verzeihung, unser Körper und unsere mentale Ebene reagieren natürlich auf etwas, was nicht stattfindet. Wir, das unbegrenzte, geistige Wesen in diesem Körper, wir, der Hausherr, bleiben davon unberührt – oder sollten zumindest davon unberührt bleiben.

Unberührt bleiben wir immer dann, wenn wir uns in einen Beobachterstatus begeben und uns jederzeit klar ist, was da eigentlich abläuft, wenn wir die Vorgänge in uns ebenso mit Abstand beobachten, wie wir die Vorgänge bei anderen Menschen mit Abstand beobachten, wenn wir „von außen draufschauen", wenn wir Kontrolle ausüben und uns nicht einlullen lassen.

> *Wir, der Hausherr, beobachten,*
> *was in unserem Haus vor sich geht,*
> *und rufen dann entschieden zur Ordnung.*

Versäumen wir es, den notwendigen Abstand herzustellen, versäumen wir es, uns in die Beobachterposition zu begeben, werden wir hineingezogen, und die Bilder und Vorstellungen, die sich in unserem Kopf drehen, werden für uns ebenso zur Wahrheit, wie sie für unsere körperliche und mentale Ebene zur Wahrheit geworden sind. *„Es" hat uns – statt dass wir „es" haben.*

Nun sind die hier aufgezeigten Mechanismen zunächst einmal völlig wertneutral, sie laufen täglich in vielen Bereichen unseres Lebens ab – zu unserem Nutzen wie zu unserem Schaden. Erst wir geben Ihnen einen Wert und bezeichnen das Ergebnis dann als positiv oder negativ, als gut oder schlecht für uns. Nicht immer liegen wir dabei mit unseren Bewertungen richtig.

Aber unabhängig von der Richtigkeit unserer Bewertungen sollten wir nicht nur etwas bewerten, was bereits stattgefunden hat, sondern dazu kommen, die geschilderten Mechanismen vor vorneherein bewusst einzusetzen, um ganz bestimmte Ergebnisse zu erreichen.

Dies können wir auf allen Ebenen, und dies können wir vor allen Dingen als Dr. med. Ich, und dazu müssen wir nicht einmal eine Fakir-Schule besuchen.

> *Wir, der Hausherr in diesem Körper,*
> *wir, der Herrscher der vier unter*
> *uns liegenden Ebenen,*
> *sollten diese Mechanismen ebenso benutzen,*
> *wie wir ein Werkzeug benutzen.*

Wir sollten sie zu unserer körperlichen Heilung ebenso benutzen, wie zur Stimulierung unserer mentalen Ebene und natürlich auch zur Erreichung unserer Ziele.

Wir verfügen über diese Mechanismen, aber wir erlauben es ihnen nicht, über uns zu verfügen. Wir sind und bleiben der Hausherr.

Werden wir uns also zunächst einmal bewusst, dass wir Kräfte in uns haben, die wir ganz gezielt zu unserem Wohl einsetzen können, für unsere Gesundheit, zur Erreichung unserer Ziele und vor allem auch zu unserer täglichen Lebensfreude.

> *Wir sind weder machtlos*
> *noch kraftlos.*
> *Wir besitzen wunderbare Werkzeuge.*
> *Das Problem ist lediglich,*
> *dass wir uns des Besitzes dieser*
> *Werkzeuge in der Regel nicht*
> *einmal bewusst sind.*

Also laufen wir zu jemandem, von dem wir überzeugt sind, dass er das kann, was wir nicht können, und hängen gläubig an seinen Lippen.

In diesem Sinne sollten wir im nächsten Kapitel unser Verhältnis zu Ärzten und anderen Heilberufen einmal kritisch durchleuchten. In den meisten Fällen müssen wir diese Beziehungen auf eine ganz neue Basis stellen, bevor wir unsere Hausherrnschaft tatsächlich antreten können, bevor wir zum „Dr. med. Ich" werden.

Partnerschaft
statt blinder Gefolgschaft 5

Das neue Verständnis einer
Arzt-Patienten-Beziehung

Ärzte, Heilpraktiker und Therapeuten aller Richtungen leben davon, dass wir krank sind, sie leben nicht davon, dass wir gesund sind.

Solange wir gesund sind, erzielen sie keinerlei Einnahmen. Solche Einnahmen werden aber dringend benötigt, um Praxismiete, Personalkosten, Geräteabschreibungen und auch den eigenen Lebensunterhalt zu finanzieren – absolut verständlich. Was sie also brauchen, sind kranke Menschen, die eine Weile zu ihrem Einkommen beitragen.

Also, Gott erhalte mir meine Patienten.

Ein grundsätzlicher Interessenskonflikt, denn wir wollen weder krank werden noch wollen wir krank bleiben. Sind wir krank oder sogar lange krank, werden wir tatsächlich zum Patienten, drohen die Einnahmeverluste auf unserer Seite.

Also, Gott erhalte mir meine Gesundheit.

Wie kann man nun aber die unterschiedlichen Interessen, „Gott erhalte mir meine Patienten" und „Gott erhalte mir meine Gesundheit", zusammenbringen?

Nun, zunächst einmal will ich keinem Arzt, keiner Ärztin oder einem Mitglied anderer Heilberufe unterstellen, dass er einen möglichen Heilungsprozess hinauszögert oder einen Patienten öfter als notwendig einbestellt. Dies ginge gegen jede Berufsehre, und trotzdem ist auch dies nicht ganz auszuschließen, denn mit der so oft zitierten Ehre ist es meist eine recht zweischneidige Angelegenheit.

Wir hören immer wieder von Betrügereien großen Ausmaßes bei Ärzten und Apothekern, wozu ein System, das keine Kontrolle von außen vorsieht, sondern sich lediglich selbst kontrolliert, natürlich geradezu eine Einladung ausspricht, deren Kosten die Versicherten zu tragen haben.

Schwarze Schafe gibt es in jeder großen Organisation, in jeder Partei, in jeder Firma, in jedem Verein und sogar in religiösen Organisationen. Um zu verhindern, solch schwarzen Schafen in die Fänge zu geraten, müssen wir wachsam sein und uns vom folgsamen Patienten zum kritischen Patienten entwickeln. Das Beste wäre es natürlich, wir werden erst gar nicht zum Patienten.

> ***Wir sollten Ärzte und Ausübende anderer Heilberufe als fachkundige Partner sehen, die uns bei der Bewältigung einer Aufgabe zwar helfen können, uns aber diese Aufgabe nicht abnehmen können.***

„Wir" sind der Hausherr, wir setzen die Handwerker ein, die uns dabei helfen, den Schaden in unserem Haus zu reparieren, aber wir übergeben ihnen nicht treuherzig unser Haus.

Die oft gehörte Einstellung, *„die kennen sich da aus, die werden das schon richten, die machen das für mich, schließlich haben die Medizin studiert, ich verstehe ja leider nichts davon, und schließlich zahle ich ja auch genug Geld für die Versicherung"* bedeutet nichts anderes als unsere freiwillige Selbst-Entmündigung. Unseren „Dr.

med. Ich" aber sollten wir unbedingt stärken, statt zu schwächen oder gar zu entmündigen.

Ärzte sind keine Götter oder Halbgötter, wenn sich auch manche diesen Habitus zugelegt haben, sei es nun in einer Klinik oder in privaten Praxen.

Sie sind ebenso fehlbare Menschen, wie auch wir fehlbare Menschen sind, und Demut wäre auf jeden Fall eher angezeigt als Hochmut. Das Leiden vieler Menschen wird z. B. durch ärztliche Kunstfehler vergrößert statt gelindert. In Deutschland werden jährlich 12 000 ärztliche Kunstfehler anerkannt. (Quelle: ZDF-Frontal 21 vom 22. 4. 2007) Das heißt, ein Prozess wurde gewonnen, eine Versicherung hat gezahlt usw. Ich denke, dass dabei die Zahl der nicht anerkannten Kunstfehler noch wesentlich höher liegt, denn der Nachweis eines ärztlichen Kunstfehlers ist enorm schwierig und so manche Sache wird wegen der zu erwartenden Schwierigkeiten gar nicht erst aufgerollt.

Wer hat schon die Zeit, das Geld und den richtigen Anwalt, einem Arzt einen Kunstfehler nachzuweisen, vor allem, wenn dieser Kunstfehler bei einem leider inzwischen verstorbenen Angehörigen unterlief?

Jährlich sterben in Deutschland z. B. mehr Menschen an falscher Medikation, als wir bei Verkehrsunfällen zu beklagen haben.

Ich will damit kein Misstrauen gegen Ärzte und Angehörige anderer Heilberufe säen. Ich will nur den Heiligenschein etwas lüften und Sie vor blinder Gefolgschaft bewahren. Seien und bleiben Sie immer ein kritischer Patient. Vertrauen Sie dabei auch auf Ihr Gefühl, es ist sehr viel weiser als Ihr Verstand und weiß sehr genau, was für Sie richtig ist und was Sie besser vermeiden sollten.

In einer Situation, in der Sie etwas tun, wogegen sich Ihr Gefühl eigentlich sträubt, folgen Sie bitte unbedingt Ihrem inneren Gefühl und nicht der fremden Anweisung.

Im nächsten Kapitel werde ich eine Technik erklären, mit der Sie völlig unabhängig von Ihrem Gefühl Medikamente und andere Dinge dahingehend testen können, ob sie gut und richtig für Sie sind.

> *Ich möchte Sie als „Dr. med. Ich"*
> *auf Augenhöhe bringen, ich möchte,*
> *dass Sie sich als gleichwertigen Partner*
> *empfinden und auch so handeln.*

Wehrt sich ein Arzt gegen eine solche Partnerschaft, verweigert er tiefergehende Gespräche und Erklärungen, ist dies keinesfalls ein Zeichen fachlicher Souveränität, sondern eher das Gegenteil. Wechseln Sie diesen Arzt genau so, wie Sie einen Handwerker, der für Sie zu undurchsichtig bleibt und sein Tun nicht erklären kann, wechseln würden.

Ärzte und Angehörige anderer Heilberufe sind Dienstleister, die wir beauftragen. Wir sind dankbar für jeden hilfreichen Dienst, aber wir schlucken nicht so einfach jede Pille, lassen uns nicht ohne überzeugende Begründung jeden Stoff unter die Haut spritzen, an eine Maschine anhängen oder gar operieren.

Wir haben das Recht, zu wissen, warum. Wir haben das Recht zu wissen, was das, was der Arzt vorschlägt, bewirken soll und warum er gerade diesen und nicht einen anderen Weg einschlagen will, warum er gerade dieses und nicht ein anderes Medikament verordnet.

Antwortet er darauf, dass wir ihm einfach vertrauen sollen, da er das schließlich besser weiß, sollten wir ihm – ganz gegen seine Aufforderung – das Vertrauen sofort entziehen.

Am 7. Nov. 2006 wurde im ZDF-Magazin „Frontal 21" von so genannten „Anwendungsbeobachtungen" berichtet, die die Pharmaindustrie mit Ärzten durchführt. Im ersten Halbjahr 2006 wurden einhundertneununddreißig solcher angeblichen Studien registriert, aber nur für fünf Studien auch die Ergebnisse bekannt gemacht.

Derartige Studien sind in der Regel eher als ein effizientes Marketinginstrument denn als wissenschaftlich ernsthafte Studie zu bewerten, vor allem dann, wenn sie mit bereits seit langem eingeführten Medikamenten durchgeführt werden, bei denen keinerlei neue Erkenntnisse zu erwarten sind.

Je mehr Patienten ein daran teilnehmender Arzt auf ein bestimmtes Medikament einstellt, desto höher fällt das Honorar aus, das ihm der Hersteller (dieses Medikaments) dafür zahlt. In der zitierten Sendung wurde von 40 bis 50 Euro pro Patient gesprochen.

Immerhin ein interessantes Zusatzeinkommen, und die Gefahr, dass Patienten nicht immer das für sie beste, sondern eher das im Sinne der Studie für den Arzt profitabelste Medikament erhalten, ist dabei nicht auszuschließen.

Ein ebenso interessantes Zusatzeinkommen wird durch so genannte IGeL-Leistungen (Individuelle Gesundheits-Leistungen) erzielt. Dabei handelt es sich um Medikamente, Therapien oder andere ärztliche Leistungen, die von den Kassen nicht bezahlt werden. Es gibt dazu regelrechte Verkaufstrainings, in die auch das Praxispersonal mit einbezogen wird. Wenn Sie das interessiert, loggen Sie sich einfach mal bei Amazon.de – Suchbegriff Ige-Verkaufstrainer – ein. Führend in diesem Zusatzgeschäft sind Hautärzte und Gynäkologen. Man vermutet insgesamt einen Umsatz von einer Milliarde Euro in diesem Bereich. Trotzdem:

Ein generelles Misstrauen gegen Ärzte und Angehörige anderer Heilberufe wäre ebenso falsch wie blindes Vertrauen.

Bleiben wir hellwach, werden wir zum kritischen und hinterfragenden Patienten, wenn wir denn schon zum Patienten werden oder es leider bereits geworden sind. Streben wir eine Partnerschaft an, die für Arzt und Patient von Nutzen ist, denn nur, wenn wir wissen, was z. B. ein Medikament bewirken soll, auf welchem Weg es diese Wirkung erreicht und was dabei in unserem Körper vorgeht, können wir diesen Vorgang durch unsere geistige Vorstellungskraft unterstützen.

Denken Sie noch einmal an das Beispiel Ihrer Lieblingsspeise und welche körperlichen Reaktionen eine solche Vorstellung auslösen kann.

Wir sehen das, was passiert, vor unserem geistigen Auge, wir spüren es, wir wissen, dass es so sein wird, und die Vorstellung wird damit zur Realität. Wenn Arzt und Patient ihre Möglichkeiten in dieser Weise bündeln, wird das gewünschte Ergebnis nicht ausbleiben. Dies ist jene Partnerschaft, die ich meine, und die nur in gegenseitiger Offenheit möglich ist.

Auf die Technik der Imagination, der Vorstellung von Bildern und Abläufen vor unserem geistigen Auge also, werde ich nachfolgend noch ausführlicher eingehen.

Testen
statt ungeprüft schlucken 6

*Wie wir Medikamente und Ähnliches
selber testen können*

Wir wollen bei Medikamenten nicht testen, ob die angegebene Zusammensetzung stimmt – das können wir nicht. Wir wollen auch nicht testen, ob z. B. die empfohlene Dosierung wirklich optimal ist, oder Ähnliches, auch das können wir nicht, wir wollen einfach nur herausfinden, ob ein Medikament für uns richtig oder falsch ist.

Wir wollen herausfinden, ob uns ein Medikament tatsächlich nützt oder ob es uns vielleicht sogar eher schadet. Sie wissen inzwischen: Ich habe etwas gegen blinde Gläubigkeit.

Dies ist vor allem dann wichtig zu wissen, wenn wir mehrere Medikamente einnehmen. Ein einzelnes Medikament kann durchaus richtig für uns sein, aber in der Kombination mit anderen Medikamenten zum schädlichen Gift werden. Vorsicht ist vor allem dann geboten, wenn unterschiedliche Medikamente von verschiedenen Ärzten verordnet werden und keiner vom anderen weiß. Der Internist verordnet etwas für den Magen, der Kardiologe etwas für das Herz und der Urologe etwas gegen die Blasenschwäche, und niemand sieht das Ganze.

Was sich auf diese Weise in einem Menschen ansammelt, kann zu einer Zeitbombe werden, die irgendwann einmal explodiert.

Ich erinnere noch einmal daran: In Deutschland sterben jährlich mehr Menschen an falscher Medikation, als wir Verkehrstote zu beklagen haben, und daran sind nicht immer nur die verordnenden Ärzte schuld.

> **Es gibt Menschen,**
> **die sich zu wahren pharmazeutischen**
> **Mülleimern entwickelt haben.**

Sie schlucken alles und jedes, und wenn der Arzt beim nächsten Besuch nicht wieder etwas verordnet, und zwar diesmal etwas Stärkeres und auch Teureres, dann sind sie mit diesem Arzt unzufrieden und suchen sich jemanden, der etwas für sie Befriedigenderes verschreibt.

Dies kann sich bis zu einer Zwangsneurose oder auch zu einer handfesten Sucht entwickeln, die dringend behandlungsbedürftig ist. Aber wir wollen beim ganz normalen (was immer dies auch ist) Alltagsgebrauch bleiben.

Als ich einmal bei lieben Menschen eingeladen war und dann gemeinsam mit meinen Gastgebern frühstückte, konnten diese es überhaupt nicht verstehen, dass es einen Menschen gibt, der morgens, tagsüber und auch abends absolut gar nichts einnehmen muss. Sie selbst hatten ein Tellerchen mit bunten Pillen neben sich stehen, und auch die Rationen für den Mittag und den Abend waren schon vorbereitet. Sie fanden das ganz normal. Also, was ist schon normal?

Zu unseren Tests brauchen wir weder ein Labor noch pharmakologische oder medizinische Fachkenntnisse. Wir brauchen nur uns selbst und eine andere Person, die uns für ein bis zwei Minuten bei unserem Test hilft.

Der Muskeltest, mit dem ich Sie jetzt vertraut machen möchte (kinesiologischer Test), wurde schon vor 2000 Jahren von Hippokrates angewendet und in jüngster Zeit wiederentdeckt und weiterentwickelt. Er ist heute ein fester Bestandteil der modernen Neurologie. Auch die Maya-Indianer kannten bereits diese Testmethode. Sie fanden auf diese Weise heraus, ob Wasser, das sie an einer bestimmten Stelle fanden, für sie trinkbar war oder nicht.

Der 1987 verstorbene Chiropraktiker Alan Beardall entwickelte den Muskeltest erstmals zu einem kompletten Heilsystem, das er als „Clinical Kinesiologie" bezeichnete. Dieses System ist heute durch immer feinere Methoden, die insbesondere die Funktion des autonomen Nervensystems wie auch des Limbischen Systems (emotionales Gehirn) mit einbeziehen, verfeinert worden. Aber ich glaube, das alles interessiert Sie als „Dr. med. Ich" weniger, als nun endlich zu wissen, wie dieser Test funktioniert.

Also: Stellen Sie sich zunächst einmal aufrecht und gerade hin. Die Füße können Sie leicht spreizen, um einen sicheren Stand zu haben. Dann strecken Sie den rechten oder den linken Arm seitwärts in die Waagerechte.

Die Person, die Sie sich als Hilfe ausgesucht haben, stellt sich nun im Abstand von ca. fünfzig Zentimeter frontal gegen Sie und legt eine Hand auf die Schulterseite des Armes, den Sie nicht ausgestreckt haben. So bekommen sie mehr Stabilität.

Nun nehmen Sie das Medikament, das Sie testen wollen, in Ihre nicht ausgestreckte Hand. Bei flüssigen Medikamenten genügt es, wenn Sie das Glas- oder Plastikfläschchen in der Hand halten, bei festen Medikamenten empfehle ich den direkten Kontakt mit einigen Pillen oder Kapseln. Wichtig ist, dass die Testsubstanz engen Körperkontakt hat, dass es sich fest in Ihrem eigenen Energiefeld befindet.

Überprüfen wir noch einmal:

1. Sie haben einen sicheren Stand und einen Arm waagerecht zur Seite ausgestreckt. In der anderen Hand halten Sie das Testobjekt.
2. Ihr Helfer steht Ihnen frontal gegenüber und hat eine Hand auf die Schulter des nicht ausgestreckten Armes gelegt, sozusagen als Gegengewicht.

Nun beginnt der eigentliche Test: Die Person, die Ihnen gegenübersteht, fordert Sie nun auf, Ihren ausgestreckten Arm in der Waagerechten zu halten, während sie von oben auf die Hand des ausgestreckten Armes drückt und dabei versucht, den ganzen Arm in Richtung Ihrer Hüfte hinunterzudrücken.

Den Moment des Hinunterdrückens kündigt sie mit dem Satz an: „Bitte jetzt halten." Der ganze Vorgang dauert höchsten 2–3 Sekunden.

Das Foto zeigt drei wichtige Details, die wir besprochen haben, den stabilisierenden Arm des Testers auf der rechten Schulter der Dame, die zu testenden Medikamente in deren linker Hand und den vom Tester leicht und ohne Gegenwehr heruntergedrückten Arm. In diesem Fall ein negatives Testergebnis. Eine Kombination der beiden getesteten Medikamente ist nicht empfehlenswert.

Bleibt Ihr ausgestreckter Arm stabil, lässt er sich nur schwer hinunterdrücken und rastet ein fühlbarer Widerstand ein, gilt dies als eine positive Antwort. „Ja, o.k., richtig". Dieses Medikament – oder die getestete Kombination von Medikamenten – können Sie unbesorgt nehmen.

Leistet der ausgestreckte Arm hingegen kaum oder gar keinen Widerstand, rastet er nicht spürbar ein und lässt sich leicht herunterdrücken, ist dies eine negative Antwort. „Nein, falsch, schädlich." Verzichten Sie auf dieses Medikament oder die getestete Kombination.

Bevor Sie ein Medikament testen, empfehle ich Ihnen, zunächst einen Vortest zu machen, um die generelle Stärke des Armmuskels festzustellen. Sie haben dabei nichts in der Hand und versuchen auch an nichts zu denken. Sie sind vollkommen leer, wenn der Tester versucht, Ihren Arm hinunterzudrücken. Ihr Arm müsste einen entsprechenden Widerstand leisten

Dann machen Sie einen weiteren Vortest, indem Sie statt des später zu testenden Medikaments zunächst Ihr eingeschaltetes Handy oder den Hörer eines schnurlosen Telefons in die ruhende Hand nehmen. Ich garantiere Ihnen, Ihr Arm lässt sich nun ohne Widerstand hinunterdrücken, also eine negative Antwort.

Machen Sie dann den Armtest erneut, ohne etwas in der Hand zu halten, bleibt der Arm wieder stabil. Ein stabiler Arm bedeutet positiv, ein schwacher Arm bedeutet negativ. Nun haben Sie eine erste Erfahrung gemacht, die Sie Ihr Testergebnis besser beurteilen lässt.

Wenn Sie auf diese Weise eine Kombination von Medikamenten testen, wird die Kombination so lange variiert, bis der Arm auf eine bestimmte Kombination positiv reagiert oder Sie mit Sicherheit ein bestimmtes Medikament ausschließen können. Beginnen Sie mit einem einzigen Medikament, und wenn dieses positiv testet, legen Sie dann ein zweites Medikament dazu usw.

Es kann sein, dass Ihr Arm bei zwei Medikamenten, die Sie in der Hand halten, unverändert positiv reagiert, also stabil bleibt, aber dann beim dritten Medikament, das Sie dazu nehmen, sofort schwach wird und keinen deutlichen Widerstand mehr leistet. Dies heißt nun nicht, dass das dritte Medikament falsch ist, es bedeutet lediglich, dass die getestete Kombination nicht funktioniert.

In dem Fall testen Sie noch einmal Medikament eins mit Medikament drei, drei mit zwei usw., bis Sie eine positive Kombination gefunden haben und ein bestimmtes Medikament mit Sicherheit als negativ ausschließen können. Wenn Sie wollen, reden Sie dann mit dem verordnenden Arzt über Ihr Testergebnis und seien Sie nicht enttäuscht, wenn er Ihren Test für Hokuspokus hält und meint, dass er das ja wohl besser weiß. Er weiß es nicht besser.

Nun, wie sind solche Testergebnisse möglich? Hundertprozentig exakt kann Ihnen dies bis heute niemand erklären, obwohl es zahlreiche Erklärungsversuche dazu gibt.

> *Es sind Vorgänge im feinstofflichen Bereich des Menschen, es sind Reaktionen auf der rein energetischen Ebene wie auch auf der unbewussten Ebene. Es sind Schwingungen, die sich übertragen und dabei positive wie negative Reaktionen auslösen.*

Wenn wir das Modell unseres körperlichen Hauses betrachten, sind es also die Ebenen zwei, drei und vier, die hier zusammenwirken. Ich behaupte sogar, dass auch die Ebene fünf mit hineinspielt. Die unendliche Weisheit unseres unbegrenzten Seins wird uns immer vor Schaden bewahren wollen und sich bei solchen Tests nicht einfach vornehm zurückhalten.

Nun wissen wir alle von den Strahlungen der Handys und der schnurlosen Telefone, die ich Ihnen für einen Vortest empfohlen hatte. Dies sind relativ grobe Strahlungen oder Schwingung, die auch mit Apparaten leicht messbar sind.

> *Die Mechanismen, die bei unserem*
> *Muskeltest wirksam werden,*
> *reagieren weitaus sensibler,*
> *umfassender und zuverlässiger,*
> *als dies ein Apparat jemals könnte.*

Aber nicht nur solch messbare Schwingungen beeinflussen uns. Auch die Schwingung, die z. B. ein Mensch aussendet, die Schwingung in bestimmten Räumen, die Schwingung bestimmter Nahrungsmittel, die Schwingung von Kleidungsstücken, Farben, Tönen usw. werden von unserem feinstofflichen Körper wahrgenommen und über das autonome Nervensystem zum Ausdruck gebracht. Wir fühlen uns wohl oder unwohl, ohne dass wir genau sagen können, warum.

Dieses System ist so sensibel, dass sogar die Schwingung von etwas Gedrucktem auf diese Weise feststellbar ist. Als ich vor kurzem meinen Verleger besuchte, testeten wir spaßeshalber den Werbeprospekt eines Supermarktes gegen das gedruckte Programm des Verlages. Wir hatten uns meine Frau als Testperson ausgesucht, die nicht sehen konnte, welches Papier wir ihr in die Hand legten.

Beim Supermarktprospekt reagierte ihr Arm weich wie Butter, beim Verlagsprospekt dagegen blieb er stark und stabil. Dies soll keine Schleichwerbung sein, wir müssen hier nicht schleichen, wir können und sollten solche Dinge ruhig beim Namen nennen.

Dieses System reagiert aber nicht nur auf physischen Kontakt mit etwas, bei dem sich dann eine Schwingung überträgt. Es reagiert sogar auf einen Satz, den wir sprechen, es reagiert sogar auf einen Gedanken, der sich in unserem Kopf dreht, es reagiert sogar auf Bilder, die sich vor unserem geistigen Auge entwickeln.

Auch dies können Sie sofort testen. Wenn Sie z. B. einen Nachbarn haben, mit dem Sie sich überhaupt nicht gut verstehen, nun die Augen schließen und sich das Bild vorstellen, wie Sie diesem Nachbarn begegnen, wie Sie ihn praktisch vor Augen haben, wie Sie ihn anschauen und er Sie anschaut, garantiere ich Ihnen einen butterweichen Testarm. Das Bild vor Ihrem geistigen Auge genügt, um jenen Stress auszulösen, der Ihren Armmuskel sofort weich werden lässt.

Den gleichen Stress könnten wir z. B. auch dadurch auslösen, dass ich Sie bitte, folgenden Satz zu sprechen: „Ich liebe meinen Nachbarn und freue mich, ihm zu begegnen." Garantiert, Ihr Arm wird erneut butterweich werden. Ihr Unterbewusstsein reagiert mit dem gleichen Stress.

Die letzte Variante, das Testen eines Satzes, kann z. B. in einem Heilungsprozess eine entscheidende Rolle spielen. Wenn z. B. bei dem Satz: „Ich weiß, dass ich wieder vollkommen gesund werde" der Testarm weich reagiert, also keinen Widerstand leistet, heißt dies nichts anderes, als dass das Unterbewusstsein eine Heilung nicht für möglich hält. Mit diesem Satz ist Ihr Unterbewusstsein in keiner Weise einverstanden.

Solange aber das Unterbewusstsein einer Heilung entgegensteht, besteht keinerlei Chance auf Heilung. Die Mechanismen des Unterbewusstseins sind stärker als unser verstandesgesteuerter Wille und blockieren jeden Heilungsversuch. Alle medizinischen Maßnahmen bleiben ohne Erfolg. Am Anfang einer Heilung steht in einem solchen Fall immer und absolut zwingend die Umpolung solch behindernder Glaubenssätze.

In einem solchen Fall aber brauchen Sie auch als „Dr. med. Ich" eine Hilfe von außen. Es gibt sehr effiziente Methoden, solch behindernde Glaubenssätze zu erkennen, dann auch zu löschen und durch positive Wahrheiten zu ersetzen. Dies ist z. B. in der von Dr. med. Dietrich Klinghardt gelehrten „Psychokinesiologie" der Fall.

Überlegen wir einmal:

Wie viel Schaden durch falsche Medikation und sinnlos verordnete Medikamente könnte verhindert werden, wenn die einfache Methode des Armtests auch in ärztlichen und anderen Heilpraxen angewendet würde. Kosten eines solchen Test gleich null, Zeitaufwand höchstens eine Minute.

Wie viel völlig sinnlos unternommene Heilversuche könnten Kassen und Patienten erspart bleiben, wenn man zunächst einmal überprüfen würde, ob und welche im Unterbewusstsein verankerten Glaubenssätze einer Heilung entgegenstehen.

Ich bin überzeugt, dass wir vor allem bei den so genannten chronisch Kranken verblüffende Resultate erzielen würden.

Aber solch einfache Methoden scheinen der Schulmedizin offensichtlich unwürdig. Es muss zumindest ein Apparat sein, an den man einen Menschen anschließen kann, und das nicht nur, um etwas herauszufinden, sondern um auch gleichzeitig eine abrechenbare Gebührenziffer anführen zu können.

Auch eine Arztpraxis oder eine Klinik sind Wirtschaftsunternehmen, die Gewinn abwerfen müssen, wogegen grundsätzlich nichts einzuwenden ist, und auch die Pharmaindustrie verkauft lieber mehr als weniger Pillen. Sie können das also nur selbst in die Hand nehmen, sehr verehrter Herr oder Frau „Dr. med. Ich"!

Noch eine kleine Anmerkung zur Technik des von mir hier aufgezeigten Armtests. Wenn wir z. B. eine bettlägerige Testperson haben, die nicht im Stehen getestet werden kann, kann der Test auch im Liegen durchgeführt werden. Die Testperson streckt dann einfach einen ihrer Arme senkrecht in die Luft, und die Person, die testet, drückt dann von hinten gegen diesen Arm. Es genügt, wenn wir dabei das Testobjekt auf den Bauch der Testperson legen. Aber bitte, auch dies ist kein Kraftsport, bei dem der Stärkere festgestellt wird. Die den Arm hinunterdrückende Person ist immer in der stärkeren Position. Also bitte, kein bayerisches Biergarten-Armdrücken.

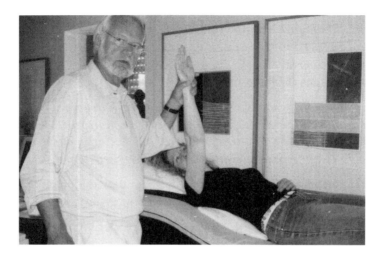

Ist die liegende Testperson zu schwach, um den Arm zu heben oder mit diesem einen Widerstand zu leisten, können Sie den Test trotzdem durchführen. Sie brauchen dann dazu eine dritte Person. Der Ablauf ist dann wie folgt: Sie legen das zu testende Medikament auf den Bauch der Testperson, die dritte Person legt ihre rechte oder linke Hand auf den Arm der Testperson und streckt ihren anderen Arm waagerecht aus. Mit dem ausgestreckten Arm der dritten Person können Sie dann ebenso testen wie mit der Testperson selbst. Die Schwingung überträgt sich wie eine Kettenreaktion. So können Sie übrigens auch Tiere testen.

Daneben gibt es noch den so genannten Armlängentest, der etwas komplizierter ist und einige praktische Erfahrung voraussetzt, um nicht zu Fehlinterpretationen zu führen, und den ich deshalb nicht zur Selbstanwendung empfehlen möchte.

Eine erste Zwischenbilanz

1. *Wir haben die Frage gestellt, warum wir eigentlich krank werden, und sind dabei zu der Erkenntnis gekommen, dass die so oft genannten Ursachen wie falsche Ernährung, Alkohol, Rauchen usw. immer nur sehr vordergründige Erklärungen sind.*

   Um die wahre Ursache einer Erkrankung zu erkennen, müssen wir uns zwingend fragen, „warum" z. B. jemand zu viel raucht, dem Alkohol zuspricht usw. usw.

2. *Wir haben dabei den Unterschied zwischen einer symptomorientierten und einer ursachenorientierten Medizin durchleuchtet und sind zu der Erkenntnis gekommen, dass wir, um wirklich heilen zu können, den ganzen Menschen – und nicht nur eine bestimmte Erkrankung – heilen müssen.*

3. *Wir haben erkannt, dass Krankheit kein Zufall ist und dass wir einen Eigenanteil daran haben. Wir haben erkannt, das Krankheit eine Aufgabenstellung für uns bedeutet, bei er wir uns zwar helfen lassen können, die wir aber nicht einfach abgeben können.*

4. *Wir haben den Aufbau unseres menschlichen Hauses betrachtet und dabei festgestellt, dass nicht „wir" krank sind, sondern immer nur eine oder mehrere Ebenen unseres menschlichen Hauses betroffen sind. Wir, der Hausherr, die Ebene fünf, kann nicht krank werden, oder auch Gott müsste krank werden können. Wir können diese unsere grundsätzliche Gesundheit auch auf die Ebenen unseres Körpers übertragen. Geist steht über Materie. Geist formt Materie. Geist ist der Ursprung aller Materie.*

5. *Wir haben eine erste Musteranalyse am Beispiel eines Harnleitersteins durchgeführt und dabei festgestellt, dass das Ende*

der schulmedizinischen Erklärungen in der Regel immer der Punkt ist, an dem unsere Arbeit als „Dr. med. Ich" beginnt. Wenn wir krank sind, müssen wir etwas falsch gemacht haben. Was haben wir falsch gemacht? Wodurch haben wir eine Krankheit verursacht oder ihr zumindest den Boden bereitet?

6. *Wir haben über die Urkraft unserer Gedanken und Vorstellungen gesprochen. Wir wissen, dass das, was sich in unserem Kopf dreht, unmittelbare Auswirkungen auf unseren Körper hat. Wir wissen auch, dass wir die Kraft unserer Gedanken und Vorstellungen gezielt zu unserer Heilung einsetzen können, ohne dass wir dabei auf Details eingegangen sind, was wir erst im weiteren Verlauf des Buches tun werden.*

7. *Wir haben vom neuen Verständnis einer Arzt-Patienten-Beziehung gesprochen und dabei die unterschiedlichen Interessen von Arzt und Patient beleuchtet. Wir haben uns vorgenommen, eine Arzt-Patienten-Beziehung auf Augenhöhe anzustreben. Wir wollen ein kritischer und selbstbewusster Patient sein und uns nicht ausliefern. Wir wollen Herr im eigenen Haus bleiben. Der einzige Mensch, der für unseren Körper verantwortlich ist, sind wir selbst.*

8. *Um ärztliche Medikationen und andere Verordnungen daraufhin überprüfen zu können, ob sie für uns gut und richtig sind, haben wir uns mit dem Muskeltest (Kinesiologie) beschäftigt. Wir wissen, dass wir diesen Test immer und überall einsetzen und dabei auch die Kombination verschiedener Medikamente überprüfen können. Wir müssen nicht einfach alles schlucken, wir müssen nicht immer folgsam sein.*

Bewegen wir uns nun in den nächsten Schritten immer mehr in die Richtung praktischer Anwendungsbeispiele. Gehen wir konsequent den Weg, Herr im eigenen Haus zu werden. Werden wir uns unserer eigenen Kraft bewusst.

Aus weniger mehr machen 7

Wie wir die Wirkung medizinischer Therapien um 100 % steigern können

Spätestens im weiteren Verlauf dieser Betrachtung werden Sie erkennen, wie wichtig es war, dass wir uns – zumindest im Grundsatz – bereits im vierten Kapitel mit der Urkraft unserer Gedanken und Vorstellungen beschäftigt haben. Im jetzigen Kapitel werden Ihnen die Mechanismen, die auf diesem Weg ausgelöst werden, noch wesentlich klarer werden.

Sie erinnern sich noch des Beispiels, wie uns das Wasser im Mund zusammenläuft, wenn wir uns z. B. unsere Lieblingsspeise vorstellen, wie sich die Zusammensetzung unserer Magensäfte und des Speichels verändert, wenn wir z. B. im Restaurant etwas Verlockendes bestellt haben, auf das wir nun warten, und uns nichts anderes mehr schmecken will, als uns der Ober mitteilt, dass das Gericht leider gerade ausgegangen sei, und uns mit dem Ausdruck tiefen Bedauerns noch einmal die Speisekarte überreicht, usw.

Es wäre doch ausgesprochen töricht, wenn wir diese Mechanismen anhand solch einfacher Beispiele zwar feststellen, wenn wir ihre tiefgreifende Wirkung sofort am eigenen Leib testen können, sie dann aber trotzdem nicht planvoll zu unserem Nutzen einsetzen. Ich versuche dies am besten an einem Beispiel zu erklären.

Ein mir befreundeter, naturheilkundlich arbeitender Arzt, mit dem ich das, was ich als Partnerschaft zwischen Arzt und Patient beschrieben habe, auch tatsächlich praktiziere, empfahl mir dringend, einmal eine Eigenblutbehandlung zur Stärkung meines Immunsystems durchzuführen. Nicht ganz verwunderlich, denn manche meiner Klienten sind wahre Energiefresser und saugen mich trotz aller Vorsichtsmaßnahmen meinerseits regelrecht aus.

Dann muss auch ich etwas zum Wiederaufbau meiner Kräfte tun, wozu ich meist in die Natur gehe oder meditiere. Aber warum sollte ich eine solche Regeneration nicht auch einmal durch eine rein körperbezogene Maßnahme unterstützen?

Empfehlungen, wie sie mein befreundeter Arzt aussprach, machen mich immer neugierig, und er wusste die Wirkungsweise einer solchen Behandlung durchaus plausibel zu erklären. Bei einer solchen Behandlung wird das körpereigene Blut umgeleitet, mit Sauerstoff angereichert, und dem Körper dann – in Form einer langsam fließenden Infusion – wieder zugeführt. So etwas wie Blutdoping also, nur in diesem Fall völlig legal, da keinerlei andere Substanzen hinzugefügt werden und ich dadurch ja auch nirgendwo Weltmeister werden wollte.

Während dieses Vorgangs lag ich ergeben auf einer Behandlungsliege seiner Praxis, was mir schon an sich schwer fällt. Mein Arzt informierte mich, dass das Ganze ungefähr fünfundzwanzig Minuten dauern würde, und damit es mir dabei nicht zu langweilig würde, drückte er mir eine Illustrierte in die Hand und verschwand.

Interessant, was ich da über Boris Becker, das holländische und andere Königshäuser, den erneut verschobenen Start einer Rakete, die Konferenz ölfördernder Länder, das Privatleben bekannter Fußballspieler, die desillusionierende Wahrscheinlichkeitsrechnung eines Lottogewinns usw. so in mich hineinzog. Sonst lese ich eigentlich keine Illustrierten – außer vielleicht einmal beim Friseur, und dann versuchte ich immer eine Autozeitschrift zu erwischen.

Irgendwann gingen dann meine inneren Warnlampen an, und ich schaute mir meine Situation von außen an, eine Technik, die ich Ihnen später noch erklären werde. Ich sah mich da liegen, lustlos in einer Zeitung blättern und mit den Gedanken ganz woanders als bei dem, wozu ich eigentlich hier lag. Da ging etwas nicht zusammen, da stimmte etwas nicht.

Wieso sollte ich mich mit den Belanglosigkeiten einer Illustrierten beschäftigen, meine Gedanken- und Vorstellungkraft also „ab"-lenken, statt sie auf das „hin"-zulenken, was im Moment in und mit meinem Körper geschah?

Wäre es nicht eine wunderbare Chance, wenn ich mir die Anreicherung meines Blutes auch bildhaft vorstellen und damit den ganzen Vorgang noch wesentlich intensiver gestalten könnte? Wir wissen, wie solche Vorstellungen wirken. Unser Körper reagiert unmittelbar auf Bilder, die vor unserem geistigen Auge ablaufen.

Ich ging sofort an die Arbeit und stellte mir vor, wie meine müden und schlaffen Blutkörperchen wie durch einen Jungbrunnen laufen und frisch und munter an der anderen Seite wieder herauskommen. Ich sah deutlich, wie sich sogar ihre Farbe veränderte, vorher blass und schlapp, und nun frisch und lebendig wie nach einem Kurzurlaub. Ich fühlte mich von Minute zu Minute besser und frischer. Ich spürte regelrecht das lebendige Blut in mir. Nahezu alle Ebenen meines menschlichen Hauses waren jetzt involviert, während vorher nur die Ebene 1 betroffen war.

Nachher kam mir noch die Überlegung, dass es sogar eine spürbare Wirkung haben müsste, wenn ich nur die Bilder vor meinem geistigen Auge ablaufen ließe, ohne dass dem Blut tatsächlich Sauerstoff zugeführt würde. Im Falle unseres Beispiels der Bestellung im Restaurant reagiert der Körper ja auch, ohne dass auf der rein physischen Ebene (Ebene 1) etwas geschieht. Für den Körper ist das Bild, das wir ihm anbieten, bereits die Wirklichkeit. Ich habe das dann auch einige Male so ausprobiert und mir dabei vorgestellt, in der Praxis meines Freundes zu liegen und dabei auch deutlich die Nadel in meinem Arm zu spüren. Die Wirkung war nicht ganz so stark wie bei der tatsächlichen Eigenblutbehandlung, aber eine positive Wirkung war sehr deutlich spürbar.

Wenn wir einmal etwas erlebt haben und dieses Erlebnis dann in unsere Erinnerung zurückrufen, wird das Erlebte wieder reaktiviert und kann unter Umständen sogar dieselbe Wirkung erzielen wie das ursprüngliche Erlebnis, positiv wie negativ.

Auch dies können Sie sofort ausprobieren: Erinnern Sie sich an etwas sehr Schönes und lassen Sie diese schöne Erinnerung noch einmal vor Ihrem geistigen Auge entstehen, werden sich Ihre Gesichtszüge entspannen, vielleicht sogar ein zufriedenes Lächeln über Ihr Gesicht huschen, und Sie werden sich wohl fühlen. Erinnern Sie sich an etwas Negatives, vielleicht sogar an etwas Angsteinflößendes, werden Sie die gegenteilige Körperreaktion feststellen können.

Ich habe dann mit meinem Freund über die unbefriedigende Situation bei seinen Eigenblutbehandlungen gesprochen. Er konnte durchaus verstehen, was ich im Sinn hatte, meinte aber, dass es dazu aber leider keinerlei Material gebe, was er seinen Patienten anbieten könne. Damit war der Fall auch für einen sonst so aufgeschlossenen Mediziner wie ihn erledigt. Ich bin sicher, dass seine Patienten auch heute noch eine Illustrierte in die Hand bekommen. Es gibt so einiges, das wir offensichtlich nur selbst verwirklichen können.

Bei Vorstellungen, die vor unserem geistigen Auge ablaufen, ist es völlig unwichtig, ob sie der medizinisch-technischen Realität entsprechen, ob sie genau mit dem übereinstimmen, was man zu diesem Thema z. B. in einem wissenschaftlichen Vortrag dokumentieren würde. Es ist völlig unwichtig, ob unsere Vorstellungen exakt mit dem übereinstimmen, was uns ein Fachmann erklären würde.

Wichtig ist allein die
Vorstellung des Endresultats.
Das Endresultat muss für uns
zur Wirklichkeit werden.
Erst das Bild des Endresultats
entwickelt die Kraft, die wir brauchen.

Bei der Vorstellung der Speisen, die wir in einem Restaurant bestellt haben, haben wir uns ja auch nicht mit den Details der Zubereitung, den physikalischen Vorgängen beim Bratvorgang usw. beschäftigt. Das war es nicht. Wir hatten allein das Endresultat vor Augen, und die Vorstellung des Endresultats, der Genuss auf unserer Zunge, der köstliche Geruch usw., veränderten die Zusammensetzung unseres Speichels und der Magensäfte.

Natürlich hat es keinen Sinn, sich völlig abwegige Dinge vorzustellen. Wir sollten schon so etwas wie eine Logik – und sei es auch nur eine Schein-Logik – aufbauen.

Vor unserem geistigen Auge sollte ein in sich schlüssiger Vorgang ablaufen.

Im Falle der Eigenblutbehandlung in einer Praxis weiß unser Verstand ja, was mit unserem Blut geschieht. Aber dieses Wissen alleine genügt nicht, dies ist nur der halbe Schritt. Für unser Unterbewusstsein sollten wir so etwas wie eine zwingende Folge konstruieren, obwohl unser Unterbewusstsein grundsätzlich alles andere als logisch ist – eher das genaue Gegenteil. Angst ist z. B. selten logisch. Trotzdem sollten wir etwas Schlüssiges und Nachvollziehbares anbieten.

Weil das jetzt so ist, wird es dann so sein.

„Weil das jetzt so ist" ist die Anreicherung des Blutes mit Sauerstoff.

„Wird es dann so sein" ist die Vorstellung des Jungbrunnens und des daraus resultierenden eigenen Wohlgefühls.

Dies zusammen ist dann erst so etwas wie eine zwingende Wahrheit, auf die unser Körper reagiert, im Positiven wie im Negativen.

In der negativen Anwendung haben es die meisten Menschen zu wahren Weltmeistern gebracht, in der gezielten positiven Anwendung jedoch mangelt es in der Regel an Bewusstheit und auch an Vertrauen in die eigenen Möglichkeiten.

In solchen Fällen kann man keineswegs davon sprechen, Herr im eigenen Haus zu sein. Hier ist kein „Dr. med. Ich" tätig. Hier fehlt das Bewusstsein der fünften Ebene, wie ich sie in meinem Modell der fünf Ebenen des Menschen dargestellt habe.

Weil das jetzt so ist, wird es dann so sein.

Im Negativen haben wir damit kaum Schwierigkeiten: Weil ich jetzt Krebs habe, werde ich dann bald sterben. Weil jetzt bei mir Multiple Sklerose diagnostiziert wurde, werde ich dann bald im Rollstuhl sitzen. Weil ich jetzt alt bin, werde ich dann dies und jenes nicht mehr können, weil ich jetzt kein Geld habe, werde ich auch nie eine echte Chance haben usw.

Was wir in solchen Negativbeispielen mit unseren Gedanken und Vorstellungen anrichten, wie wir unsere eigenen Kräfte mit solchen Gedanken und Vorstellungen lahm legen, grenzt an Selbstverstümmelung. Verzeihung, wenn ich dies so deutlich ausdrücke.

„Weil das jetzt so ist, wird es dann so sein." Natürlich wird bei einer solch negativen Vorstellung der Krebs höchstwahrscheinlich zum Tod führen, natürlich wird der an MS Erkrankte wahrscheinlich in einem Rollstuhl enden usw.

> *Dies ist aber nicht die zwingende Folge der Erkrankung,*
> *dies ist vielmehr die zwingende Folge des Programms,*
> *das wir uns selbst gesetzt haben.*

Wir haben eine geistige Ursache gesetzt, und am Ende sagen wir dann womöglich noch, dass wir das ja alles gleich gefühlt haben, wir hatten ja so recht. Die sich selbst bewahrheitende Prophezeiung. Die hier wirksamen Mechanismen sind im Positiven wie im Negativen immer gleich zuverlässig.

Wenn wir negative Vorstellungen bewusst eliminieren und dafür positive Vorstellungen ebenso bewusst einsetzen, wenn wir anfangen, unsere gesamte Gedanken- und Vorstellungswelt bewusst zu steuern, werden wir nicht nur zum „Dr. med. Ich", wir werden zum „Prof. Dr. med. Ich".

Z. B. im Fall einer Krebsdiagnose: *„Weil jetzt"* die Strahlen, die auf den Krebs gerichtet werden, diesen immer weiter schrumpfen lassen, werde ich *„dann wieder vollkommen gesund sein."*

Wenn ich dann dazu noch die entsprechenden Bilder vor meinem geistigen Auge ablaufen lasse, wenn ich zusehe, wie dies auch tatsächlich geschieht, bin ich auf einem erfolgversprechenden Weg der Heilung. Wenn ich dagegen die Diagnose als Todesurteil werte, begebe ich mich auf den umgekehrten Weg.

Nun gibt es für nichts eine Garantie. Das Leben endet grundsätzlich tödlich. Aber mit den richtigen oder falschen Erwartungen können wir unsere Chancen auf eine Heilung enorm steigern – oder umgekehrt gegen null tendieren lassen.

Auch dazu ein Beispiel: Ich betreue eine Klientin aus einer oberbayerischen Kleinstadt, der ihre behandelnde Ärztin (Onkologin) vor drei Jahren erklärt hatte, dass sie wohl nur noch ein halbes Jahr zu leben habe.

Sie kam damals völlig gebrochen zu mir, und die ärztliche Diagnose war in der Tat alles andere als positiv: Hirntumor, Knochenkrebs, Metastasen zur Lunge und zur Leber. Chemotherapie und Bestrahlungen standen bereits seit einiger Zeit auf ihrem medizinischen Speiseplan. Entsprechend war ihr Aussehen: kahlköpfig, von Kortison aufgebläht, krank.

Abgesehen davon, dass ich solch ärztliche Prognosen als sehr nahe am Tatbestand der fahrlässigen Tötung betrachte, hatte ich zunächst einmal alle Hände voll zu tun, sie davor zu bewahren, die Prognose der Ärztin zu ihrem eigenen Programm werden zu lassen.

Werden solche Prognosen verinnerlicht, beginnt z. B. das Abschiednehmen von den lieben Angehörigen, steigt z. B. die Gewissheit, dass es wohl das letzte Weihnachten, der letzte Geburtstag usw. sein wird, läuft dieses Programm mit der Präzision eines Schweizer Uhrwerks ab.

Also, meine Arbeit bestand zunächst einmal darin, ihr klar zu machen, dass kein sterblicher Mensch so göttlich sei, dass er eine solche Prognose abgeben könne und dass wir wohl das Münchner Olympiastadion mieten müssten, wenn wir alle, denen die Medizin den nahen Tod vorhergesagt hatte und die sich trotzdem heute noch ihres Lebens erfreuen, einladen wollten.

Der Gedanke, allen ein Schnippchen zu schlagen, begann ihr Spaß zu machen. Auch die Vorstellung, die Onkologin nach dem vorhergesagten halben Jahr zu besuchen und sie zu fragen, ob sie wohl einen falschen Kalender benutzt, war ein Bild, das vor ihrem geistigen Auge eine gewisse Heiterkeit auslöste. Der hätte sie es gerne gezeigt. Ich hatte sie auf der richtigen Schiene getroffen, sie hielt so etwas durchaus für möglich und begann sich sogar darauf zu freuen. Damit hatte sie den so wichtigen ersten Schritt getan und das Drohende der Prognose abgeschüttelt.

Im weiteren Verlauf nahmen wir uns nun die bei ihr bereits ablaufenden medizinischen Therapien vor. Wir entwickelten gemeinsam Bilder, wie z. B. die Chemotherapie auf ihre gefräßigen Krebszellen wirken würde.

Haben Sie schon einmal erlebt, wie jemand in etwas hineinbeißt, es dann voller Ekel wieder ausspuckt und sich dabei übergibt?

Das war unser Hauptbild, kein angenehmes Bild, aber wir wollten es den Krebszellen ja auch nicht angenehm machen. Sie sollten sich keineswegs häuslich einrichten.

Die immer gefräßigen Zellen fraßen wie immer, übergaben sich danach, fraßen noch einmal, übergaben sich danach erneut, verendeten schließlich am Gift des Gefressenen und wurden abtransportiert.

Auch die Burg, in der sie lebten und von der aus sie ihre Fresszüge unternommen hatten, zerfiel immer mehr, bis sie ganz aus der Landschaft verschwunden war. Nichts als ein kurzes Intermezzo.

Auch für die Strahlentherapie, die speziell zur Bekämpfung des Hirntumors eingesetzt wurde, entwickelten wir ein entsprechendes Bild. Dabei kam mir etwas in den Sinn, was wir als Schulkinder immer gemacht hatten: Mit einer Lupe, die wir in die Sonne hielten, konnten wir einen Lichtstrahl so bündeln, dass wir damit ein Stück Papier oder trockenes Laub anzünden konnten. Wir konnten diesen Lichtstrahl auch unserem Vordermann auf den Nacken richten, bis er dann erschrocken dort hinlangte, wenn es ihm zu heiß wurde.

Dumme Jungenstreiche, die nunmehr eine ganz neue Bedeutung bekamen. Ich führte meiner Klientin den Trick mit der Lupe vor, und sie übte sich darin, diesen Lichtstrahl vor ihrem geistigen Auge entstehen zu lassen. Sie richtete diesen Strahl genau auf die Stelle ihres Kopfes, von der sie wusste, dass sich darunter der Tumor befand (CT-Aufnahmen).

Sie sah vor ihrem geistigen Auge, wie kleine Rauchwölkchen aus diesem grauen Etwas aufstiegen, wie die Oberfläche dabei schrumpfte, wie dieses Ding immer mehr zu einem kleinen, verbrannten Klumpen wurde, reif zur endgültigen Entsorgung. Dies tat sie natürlich während der Bestrahlung in der Klinik, aber sie tat es auch völlig unabhängig davon im häuslichen Umfeld, in dem sie die Kliniksituation wieder entstehen ließ. Wir haben gerade über die reaktivierende Kraft solcher Erinnerungen gesprochen.

Diesen Vorgang haben wir dann noch dadurch verstärkt, dass ich sie bat, genau davon ein Bild zu malen. Kein perfektes Gemälde, eher so etwas in der Art wie Kinder Bilder malen. Mit Wasserfarben natürlich, und gerade bei diesen Wasserfarben hatte ich mir etwas ausgedacht. Ebenso, wie sie leicht aufzutragen sind, sind sie auch wieder zu entfernen oder zu korrigieren.

Das von ihr gemalte Bild zeigte einen Kopf von der Seite, und im Bereich des Hirns hatte sie einen braunen Fleck gemalt, der den Tumor darstellen sollte. Mit einem angefeuchteten Pinsel habe ich ihr dann gezeigt, wie man die Farben wieder stellenweise anlösen und zum Teil sogar entfernen kann. Natürlich bleibt dabei kein blütenweißes Papier übrig, aber im Prinzip ist die Farbe weg.

Bei dieser Übung hatten wir es natürlich auf die Darstellung des Tumors abgesehen. Mit dem angefeuchteten Pinsel konnten wir die braune Farbe am Rand des Tumors anlösen und vorsichtig entfernen, so dass der braune Fleck etwas kleiner und das Umfeld um ihn herum etwas heller wurde. Ich bat meine Klientin, dies nun täglich zu tun, bis die Bestrahlungen beendet und der braune Fleck ganz verschwunden sei.

Kinderkram, mag mancher denken, aber glauben Sie mir, ein äußerst wirkungsvoller Kinderkram. Fassen wir noch einmal zusammen:

1. Durch die Nichtannahme der negativen Prognose war der Boden für eine wirkungsvolle Therapie überhaupt erst möglich geworden.

2. *Durch die Vorstellung der gefräßigen Zellen,* die nun etwas fraßen, an dem sie zu Grunde gingen, hatten wir die Chemotherapie optimal unterstützt.
3. *Durch die Vorstellung des Strahles,* der den Tumor schrumpfen lässt, hatten wir die Strahlentherapie optimal unterstützt.
4. *Durch das tägliche Abtragen der braunen Tumorfarbe* im gemalten Bild hatten wir zudem noch so etwas wie einen optischen Beweis für das Geschehen im Kopf geliefert.

Weil es jetzt so ist, wird es dann so sein!

Nun werden Sie sicher wissen wollen, was aus der Patientin geworden ist, die ich hier als Beispiel angeführt habe. Nun, sie hat die Ärztin, die ihr noch ein halbes Jahr Lebenszeit prognostiziert hatte, nach einem Jahr tatsächlich noch einmal besucht und dabei das Gefühl ihres Sieges so richtig genossen. Ihr Bild war Wirklichkeit geworden. Die Ärztin hat sich bei ihr entschuldigt und fest versprochen, dass sie so etwas nie mehr sagen werde. Auch etwas Gutes.

Wenn Sie das, was ich hier geschildert habe, einmal mit dem täglichen Geschehen in Praxen und Kliniken vergleichen, werden Sie verstehen, warum so viele Therapien erfolglos bleiben, und Sie werden auch verstehen, warum es immer noch eine Chance gibt, wenn man ein Geschehen ganzheitlich betrachtet und auf allen Ebenen des menschlichen Hauses arbeitet.

Vor allem hoffe ich, dass Sie erkennen, welche Möglichkeiten Sie als „Dr. med. Ich" haben, und dass Ihnen ebenfalls klar wird, dass Sie dazu keinesfalls ein Medizinstudium brauchen.

Solange im normalen schulmedizinischen Betrieb niemand auf der gesamten Klaviatur des menschlichen Hauses spielt, solange eine Apparatemedizin vorherrscht, die unsere eigenen Heilkräfte in der Regel eher lahmlegt als aktiviert, können wir bestimmte Dinge nur selbst bewirken.

Nun werde ich immer wieder gefragt, warum denn so etwas nicht gelehrt wird, warum denn ein Arzt seinen Patienten so etwas nicht sagt. Ganz einfach: So etwas kommt in der gesamten schulmedizinischen Ausbildung nicht vor, und zudem kann man mit solchen Techniken auch kein Geld verdienen.

Die Pharmaindustrie z. B. ist nicht daran interessiert, durch solche Imaginationstechniken die Wirkung ihrer Präparate zu steigern und dann dadurch evtl. sogar weniger zu verkaufen. Ganz im Gegenteil, sie möchte mehr verkaufen, sie möchte die Packungen eher vergrößern als verkleinern.

Wie einfach wäre es, z. B. auf einem Beipackzettel, mit dem ein Patient normalerweise kaum etwas anfangen kann, ein paar Bilder oder Vorschläge zu drucken, die dem Patienten eine Vorstellung von der Wirkungsweise des Präparats geben und die er dann vor seinem geistigen Auge ablaufen lassen kann.

Ich habe die Befürchtung, dass wir auf so etwas noch eine ganze Weile warten müssen. Sie, verehrter Herr oder verehrte Frau „Dr. med. Ich", können solche Techniken bereits heute einsetzen. Bitte schlagen Sie noch einmal nach, was ich dazu in Kapitel 3 gesagt habe, Ihrer ersten Analyse als „Dr. med. Ich".

1. Sie brauchen eine klare Vorstellung davon, wie etwas normalerweise funktioniert.

2. Sie brauchen eine klare Vorstellung davon, warum etwas im Moment nicht normal funktioniert.

3. Sie brauchen eine klare Vorstellung davon, wie ein Medikament oder eine medizinische Maßnahme wirken soll.

4. Ihrer eigenen Phantasie in der Entwicklung entsprechender Bilder und Vorstellungen sind dann keine Grenzen gesetzt.

Aber gehen wir zurück zum Beispiel meiner Klientin aus Oberbayern. Auch hier waren mit den geschilderten Maßnahmen noch nicht alle Möglichkeiten erschöpft. Etwas sehr Wichtiges haben wir bisher noch nicht besprochen: Die Verhaltensänderungen, die in der Regel nötig sind, um auch von dieser Seite einer Krankheit den Boden zu entziehen. Diesem Thema werden wir uns im nächsten Kapitel zuwenden.

Wir selbst sind gefordert 8

Krankheit ist kein zufälliges Schicksal – Krankheit ist eine Aufgabenstellung

Jede Krankheit, die uns trifft, hat auch immer etwas mit uns selbst zu tun, oder sie würde uns nicht treffen. Wir wären sozusagen die falsche Adresse, unsere Tür wäre verschlossen. Eine Krankheit fällt uns also nicht einfach so zu.

Nicht einmal eine Grippe fällt uns einfach so zu. Eine Grippe kann sich z. B. immer nur dann durchsetzen, wenn unser Immunsystem zu schwach ist, mit den Grippe-Erregern fertig zu werden, und ob unser Immunsystem stark oder schwach ist, steht in direktem Zusammenhang mit unserer mentalen Stärke oder Schwäche. Wir haben über dieses Beispiel schon eingangs ausführlich gesprochen. Ich wollte es nur noch einmal in Erinnerung rufen. Es ist wichtig, dass Sie solche Zusammenhänge verinnerlichen und nicht nur darüber weg lesen.

In vielen Fällen ist unser Eigenanteil an einer Krankheit klar erkennbar, in anderen Fällen scheint meine Behauptung, zumindest auf den ersten Blick, nicht ganz zutreffend, offenbart sich dann aber bei genauerem Hinsehen doch sehr deutlich.

Schwierig wird es bei so genannten „angeborenen Krankheiten," bei einem Kind z. B., das mit einem Herzklappenfehler geboren wird. Kann ein solcher Herzklappenfehler tatsächlich etwas mit dem Kind selbst zu tun haben? Kann es daran einen Eigenanteil haben? Was könnte es denn schon vor seiner Geburt dazu beigetragen haben?

Zur Beantwortung derartigen Fragen müssen wir unsere Betrachtungsebene wesentlich erweitern. Auch darüber haben wir schon grundsätzlich gesprochen. Solange wir das Leben als einen einmaligen Vorgang sehen, solange wir eine Krankheit lediglich als einen momentanen körperlichen Defekt ansehen, der sofort und mit allen Mitteln behoben werden muss, werden wir auf solche Fragen keine akzeptable Antwort finden.

Eine angeborene Krankheit kann im karmischen Sinn der Auflösung einer vorangegangenen Problematik dienen oder auch eine Aufgabenstellung für Eltern, Geschwister usw. beinhalten.

> *Krankheit kann ein Weg sein, auf dem uns ein bestimmter Lernstoff serviert wird oder auf dem wir anderen eine bestimmte Lernaufgabe servieren.*

Alles ist immer und überall mit allem verbunden. Nichts geschieht zufällig, nichts geschieht isoliert. Ein Kind, das mit einem Herzklappenfehler geboren wird, wird nicht zufällig in diese und nicht in jene Familie hinein geboren. Wenn so etwas rein zufällig möglich wäre, gäbe es keine allumfassende Ordnung, und das Universum würde zusammenbrechen. Auch wenn es uns im Einzelfall schwer fällt, so etwas zu akzeptieren, Gott kümmert sich nicht um unsere Akzeptanz.

Aber wir wollen uns in diesem Buch lediglich mit den auf unserer begrenzten Ebene durchaus erklärbaren Krankheitsbildern beschäftigen und die übergeordnete Sichtweise nur dann bemühen, wenn wir mit unseren Erklärungsversuchen nicht mehr weiterkommen.

Wenn wir uns das Modell der fünf Ebenen unseres menschlichen Hauses noch einmal ansehen, werden wir unschwer erkennen, dass in dieser Ganzheit nichts isoliert geschehen kann. Immer ist alles mit allem verbunden, alle Ebenen wirken mit- und ineinander. Es gibt dabei keinerlei Ausnahmen. In unserer Ganzheit geschieht nichts, was nur auf eine Ebene beschränkt wäre.

Auch eine einzelne Zelle unseres linken kleinen Zehs, so unbedeutend sie uns in der Gesamtheit von ca. einer Milliarde Zellen unseres Körpers auch erscheinen mag, ist und bleibt immer mit der Zentrale verbunden. Sie ist immer ein Teil des Ganzen, trägt zur Erhaltung des Ganzen bei und findet jederzeit Gehör im Ganzen. Etwas, was Sie unschwer feststellen können, wenn Sie sich z. B. einen Dorn in den Zeh treten oder wenn auch nur der Schuh drückt.

Dies könnte man auch als ein Beispiel für unser Verhältnis zu Gott gelten lassen. Auch wir sind in die Ganzheit Gott eingebunden, auch wir finden dort jederzeit Gehör, auch wenn wir dies manchmal nicht so recht glauben können oder wollen. Viele Menschen finden erst durch eine schwere Krankheit wieder zum Kontakt mit Gott zurück. Sie erkennen ihre eigenen engen Grenzen und fühlen doch gleichzeitig auch ihre Verbundenheit mit dem Unbegrenzten.

Von dieser, in die Ganzheit Gott eingebundenen Ebene des Menschen, der Ebene fünf in unserem Modell, haben wir gesagt, dass sie nicht krank werden kann, dass sie uns dafür aber umgekehrt durchaus wieder heil machen kann.

Wir können die unantastbare Gesundheit unserer Ebene fünf auf die anderen Ebenen unserer Existenz übertragen.

Eine Möglichkeit, auf die ich im Sinne eines systematischen Aufbaus aber erst am Ende des Buches eingehen werde. Beschäftigen wir uns also zunächst einmal mit ganz banalen Dingen.

Wir haben bereits im ersten Kapitel die Frage gestellt, warum wir eigentlich krank werden, und dabei festgestellt, dass die so oft genannten Krankheitsursachen nur selten auch die wahren Ursachen einer Erkrankung sind. Wir haben gesagt, dass wir unsere Frage „Warum?" so lange weiter stellen müssen, bis wir an die tatsächliche Ursache gelangt sind und es auf unser „Warum" keine weiteren Antworten mehr gibt. Also machen wir uns an die Arbeit.

Interessante Hinweise auf unserer Suche nach dem „Warum" finden wir in alten Sprichwörtern und Ausdrücken, die allesamt nicht zufällig, sondern während langer Zeiträume und aus alltäglichen Beobachtungen und Erfahrungen entstanden sind. Sie sind erfahrene Lebens-Weisheiten.

Wenn z. B. vom *„Herzeleid"* die Rede ist oder wenn umgekehrt das *„Herz vor Freude springt"*. Wenn wir unser *„Herz öffnen"* oder wenn wir umgekehrt unser *„Herz verschließen"*. Wenn wir ein *„kaltes Herz"* haben oder als *„warmherzig"* gelten. Wenn wir *„herzlich lachen"* können, sogar ein *„herzlicher Mensch"* sind und natürlich *„herzlich gratulieren"*. Wenn etwas *„von Herzen kommt"*, wenn etwas *„herzzerreißend"* sein kann oder jemand sogar als *„herzlos"* gilt, was rein physisch nicht möglich ist, dann kommen in solchen Ausdrücken uralte Beobachtungen und Erfahrungen zum Ausdruck.

In all diesen Beispielen ist der mentale und der physische Zustand des Herzens immer eng miteinander verknüpft, was man wohl als die tiefere Essenz all dieser Ausdrücke bezeichnen kann.

> ***Geht es unserem Herzen mental gut,***
> ***geht es ihm in der Regel***
> ***auch physisch gut.***

Nirgendwo ist die Verknüpfung von mentaler und physischer Ebene so deutlich erkennbar wie beim Herzen, und trotzdem wird man sich in jeder schulmedizinisch geführten Praxis für koronare Erkrankungen immer nur mit dem materiellen Herzen beschäftigen, wobei der Umgang mit Patienten leider selten „herzlich" ist.

Jeder weiß um die enge Verknüpfung von Psyche und Organ, und trotzdem bleibt es in der Regel bei der sicher gut gemeinten Empfehlung, sich doch nicht alles so *„zu Herzen zu nehmen"*, etwas kürzer zu treten und sich nicht aufzuregen.

Wie man dann so etwas fertig bringt, können die, die solche Empfehlungen aussprechen, aber leider nur selten erklären. Unsere Arbeit als „Dr. med. Ich" ist dann auch hier wieder gefragt. Arbeitslos werden wir so schnell nicht.

> *Es können Menschen an „gebrochenem Herzen" sterben, obwohl an ihrem organischen Herzen keinerlei Defekt feststellbar ist.*

In einer solchen Situation sind z. B. alle Symptome eines Herzinfarkts zu beobachten, obwohl keine für den Infarkt typische Verengung oder gar Verstopfung der Blutleitungsbahnen diagnostizierbar ist. Rein organisch ist u. U. festzustellen, dass sich eine Herzkammer nicht mehr ganz zusammenzieht und dadurch nur noch einen Teil der vorher transportierten Blutmenge in Umlauf bringt. Eine organische Ursache ist für diese Abweichung jedoch nicht erkennbar. Eigentlich müsste alles ganz normal ...

Solche Phänomene können durch tiefe mentale Verletzungen oder Schocksituationen wie z. B. den Verlust eines Partners durch Tod oder Trennung, eine kritische Unfallsituation oder dergleichen ausgelöst werden. Interessant ist zu beobachten, dass selbst dann, wenn das Herz wieder eine Weile normal gearbeitet hat, das gleiche Phänomen erneut auftritt, sobald die auslösende Situation wieder vergegenwärtigt wird. Alle bereits als überstanden angesehenen Symptome werden sofort wieder reaktiviert. Es ist, als würde es im gleichen Moment noch einmal geschehen.

Ähnliche Phänomene eines „gebrochenen Herzens" kann man übrigens auch in der Tierwelt beobachten. Bei Tierpaaren z. B., die ein Leben lang zusammen waren, ist es nicht selten, dass ein Partner beim Tod des anderen in eine so tiefe Trauer verfällt, dass er kurze Zeit später verendet. Schwäne, die ein Leben lang in Einehe leben, sind ein treffendes Beispiel dafür.

Schauen wir uns nun einmal eine der häufigsten Erkrankungen des menschlichen Herz-Kreislaufsystems an, den so genannten „essentiellen Bluthochdruck". Dies ist ein Bluthochdruck (permanent über 160/90), bei dem keinerlei organische Ursachen wie z. B. Gefäßverengungen und dergleichen feststellbar sind.

Die schulmedizinisch angezeigte Therapie besteht in der Regel darin, den Patienten auf Beta-Blocker einzustellen, die den Blutdruck senken sollen. Im Prinzip eine durchaus richtige und vernünftige Hilfe, wenn die auslösende Problematik auf der mentalen Ebene ebenfalls angegangen wird, was aber leider – außer der üblichen Empfehlung, etwas langsamer zu treten und sich nicht aufzuregen – selten geschieht.

Das Problem mit Beta-Blockern lösen zu wollen liegt zwar durchaus im Interesse der Pharmaindustrie, die dadurch einen Dauerkonsumenten bekommt, ist aber im Sinne einer wirklichen Heilung nicht zu vertreten.

Menschen mit essentiellem Bluthochdruck
stehen unter einem Dauerdruck,
den sie sich
in der Regel selbst schaffen.

Z. B. sind es übersteigerte Ansprüche an sich selbst und ein daraus erwachsener Leistungsdruck. Sie sehen sich nicht selten als Vorbild und sind dabei trotzdem seltsam angepasst. Selbst wenn sie pensioniert sind, müssen sie auch das noch „vorbildlich" bewältigen.

Es fällt ihnen mehr als schwer, einmal wirklich loszulassen, sich fallen zu lassen. Sie müssen immer irgendetwas tun und sitzen wie auf einem Pulverfass. Sie leben nicht selten in der dauernden Angst, die Liebe, Zuneigung, Achtung und Anerkennung anderer zu verlieren, und sind deshalb bereit, ihre eigenen Bedürfnisse zurückzustellen.

Wenn man hier wirklich heilen will, sind die zur Problematik führenden Denk- und Verhaltensmuster zu korrigieren, oder man wird keinen Erfolg haben.

Für jeden Therapeuten eine überaus harte Nuss, denn seitens des Patienten wird das eigene Verhalten in der Regel idealisiert. Eine krankhafte Persönlichkeitsstörung wird strikt verneint. *„Menschen wie mich, die sich so einsetzen, sollte es viel mehr geben"*, obwohl wir alle – und vor allem sie selbst – besser bedient wären, wenn es davon weniger gäbe. Zumindest wäre es eine Erleichterung für die Krankenkassen.

Ich habe dieses Krankheitsbild etwas ausführlicher beschrieben, weil es ein klassisches Beispiel für die Sinnlosigkeit einer alleinigen Symptombehandlung ist. Im Übrigen zählt das Krankheitsbild des „essentiellen Bluthochdrucks" zu den klassischen Psychosomatosen, also jenen Krankheitsbildern, bei denen der Zusammenhang von Psyche und Körper inzwischen sogar von der Schulmedizin anerkannt wird. Nicht mehr als ein bescheidener Anfang. Nach meiner Auffassung gibt es kein Krankheitsbild, an dem nicht alle Ebenen des Menschen beteiligt sind. Wir sind weniger einseitig, als wir denken und handeln.

Wenn Sie sich für die sieben schulmedizinisch anerkannten Klassiker interessieren, hier sind sie:

1. Ulcus ventrikuli (Magengeschwür, 2. Colitis ulcerosa (entzündliche Darmerkrankung), 3. Asthma bronchiale, 4. essentieller Bluthochdruck, 5. Neurodermitis, 6. Essstörungen, 7. Migräne.

Unbedingt hinzuzuzählen ist das weite Feld der Sexualstörungen, die nach meiner Erfahrung immer einen ausgeprägten psychischen Hintergrund haben. Aber, wie gesagt, an welchem Krankheitsbild ist die Psyche nicht beteiligt?

Es gibt keinen Menschen, der nur aus Materie besteht.

Aber was fangen Sie nun als „Dr. med. Ich" damit an? Nun, ich möchte zunächst einmal erreichen, dass Sie Ihre Sichtweise öffnen, dass Sie z. B. bei einer Migräne nicht einfach nur Tabletten schlucken, sondern hinterfragen, was Ihnen diese Kopfschmerzen bereitet, was Sie verkrampfen lässt usw. Tabletten betäuben lediglich den Schmerz, sie ändern aber leider nichts an der dem Schmerz zugrunde liegenden Problematik.

Ein solches Hinterfragen können Sie am besten selbst anstellen, und glauben Sie mir, die Erklärung liegt immer im Innen und niemals im Außen. Es mag vielleicht sogar eine im Außen erkennbare Ursache geben, aber glauben Sie mir, es ist nicht diese Ursache, es ist vielmehr die Art Ihres Umgangs mit dieser Ursache, und die hat ausschließlich etwas mit Ihren Denk- und Verhaltensmustern zu tun. So, wie Sie mental verkrampfen, verkrampft dann auch Ihre körperliche Materie. Blutgefäße ziehen sich zusammen, Durchblutung wird verringert, die minder durchblutete Muskulatur verkrampft,

Schmerz entsteht. Wie innen, so außen – wie oben, so unten – wie im Größten, so im Kleinsten.

> *Kein „Dr. med. von Außen"*
> *kann in Ihre Gedankenwelt schauen.*
> *Niemand kann so tief und authentisch*
> *in Ihre Gefühlswelt schauen*
> *wie Sie selbst.*

Auch wenn Therapeuten versuchen, in der Anamnese und im Verlauf vieler Gespräche einen solchen Einblick zu gewinnen, Sie selbst haben den besten Zugang, und genau hier liegt der Schlüssel zur Erkenntnis der wahren Ursachenkette.

Wenn Sie z. B. um 11.30 Uhr noch völlig schmerzfrei waren und Sie nun, um 13 Uhr, eine Migräne plagt, muss in der Zeit von 11.30 Uhr bis 13 Uhr etwas geschehen sein, was diese Migräne ausgelöst hat, und das waren keineswegs die im Radio verbreiteten Wasserstandsmeldungen von Rhein, Main oder Donau. Es muss etwas gewesen sein, das tief innen in Ihnen etwas ausgelöst hat.

Ein Gedanke, ein Gefühl, eine Erwartung, eine Befürchtung oder was auch immer. Vielleicht ausgelöst durch einen Telefonanruf oder durch etwas, was Sie gerade im Radio gehört haben, durch etwas, was sie gelesen haben usw.

> *Irgend etwas ist geschehen*
> *oder es wäre nichts geschehen.*
> *Kein Symptom ohne entsprechende Ursache!*

Die Migräne ist Ihnen nicht einfach zugefallen, sie wurde von etwas ausgelöst, und dies war keinesfalls nur eine Schwankung des

Serotoninspiegels, ein Klimawechsel oder Ähnliches. Materie kann sich nicht aus sich heraus verändern. Es bedarf dazu immer einer Ursache.

Machen Sie sich an die kriminalistische Kleinarbeit, diese auslösende Ursache herauszufinden. Machen Sie sich Aufzeichnungen. Zeichnen Sie akribisch alles auf, was im Zeitraum von 11.30 Uhr bis 13 Uhr mit Ihnen und in Ihnen vorging. Selbst wenn Ihre Mühe an diesem Tag zu keinem erkennbaren Ergebnis führt, kommt diese Erkenntnis vielleicht beim nächsten Migräneanfall, wenn Sie wieder aufzeichnen und dann die neuen Aufzeichnungen mit den alten vergleichen.

Wo gibt es eine Gemeinsamkeit, was war in etwa gleich? Und wenn Sie immer noch nichts erkennen, wird Ihnen vielleicht beim dritten oder vierten Mal etwas klar. Es ist eine Fleißarbeit, die sich lohnt. Die Schmerzen sind in Ihrem Kopf, und nur Sie können ihrer Herr werden.

Kein Neurologe und kein Schmerztherapeut kann das feststellen, was Sie feststellen können, verehrter Herr oder verehrte Frau Dr. med. Ich. Aber bitte, seien Sie absolut ehrlich zu sich selbst. Sträuben Sie sich nicht, Dinge zu erkennen, die Sie lieber nicht erkennen möchten. Sie müssen Ihre ganz privaten Aufzeichnungen ja mit niemandem teilen.

Ich möchte Sie auch noch zu folgender Überlegung anregen: Bedenken Sie einmal, wie der Tag ohne die Migräne verlaufen wäre. Wovor hat Sie die Migräne bewahrt, wovon hat die Migräne Sie abgehalten? Ich unterstelle damit keineswegs, dass Sie die Migräne bewusst einsetzen, um etwas zu umgehen, was Sie sonst nicht oder nur schlecht umgehen könnten.

Solche Mechanismen greifen völlig unbewusst. Sie greifen sogar dann, wenn Sie sich auf etwas freuen, Ihr Unterbewusstsein Sie aber aufgrund negativer Erfahrungen genau davor bewahren will. Ein Schutzmechanismus, der stärker ist als Ihr Wille und der vor allem auch in den sexuellen Bereich hineinspielt. Aus dieser Problematik kann ein z. B. so genannter „Nähe-Distanz-Konflikt" entstehen. Sie suchen die Nähe, wenn sie dann aber da ist, fliehen Sie aus dieser Nähe, wobei Sie sich anschließend über sich selbst ärgern, erneut die Nähe suchen und wieder fliehen ... fliehen ... fliehen.

Ich möchte auch, dass Sie sich ebenso einmal die gefährlichste aller möglichen Ursachen-Varianten anschauen. Dabei handelt es sich um den so genannten „Krankheitsgewinn". Bekommen Sie durch die Migräne etwas, was Sie sonst nicht oder nicht ausreichend bekommen würden? Mitgefühl, Zuneigung, Aufmerksamkeit, Zärtlichkeit, Liebe, Beachtung usw.? *Mein Mann kümmert sich immer rührend um mich, wenn ich einen Migräne-Anfall habe.* Wenn Sie so etwas feststellen, sitzen Sie in einer Falle.

Ihr Unterbewusstsein wird diesen Mechanismus immer wieder nutzen, auch wenn Sie ihn willentlich gar nicht nutzen wollen.

In einem solchen Fall ist es empfehlenswert, kompetente Hilfe in Anspruch zu nehmen, um diesen Kreisverkehr zu durchbrechen. Als „Dr. med. Ich" sind Sie hier etwas überfordert, obwohl ich einen Erfolg nicht ganz ausschließen will.

Das Analyse-System, das ich hier aufgezeigt habe, ist natürlich auch auf andere Krankheitsbilder mit periodisch auftretenden Symptomen übertragbar. Ich möchte es deshalb noch einmal kurz zusammenfassen:

1. Bis zum schmerzfreien Zeitraum zurückgehen und die Zeit zwischen Schmerzfreiheit und Schmerzbeginn akribisch rekapitulieren. Was war los? Gedanken, Gefühle, Erwartungen,

Telefonate usw. Wann genau – oder wobei – hat sich der Schmerz angekündigt?
2. Wovor hat das Symptom Sie bewahrt? Wovon hat es Sie abgehalten, was mussten Sie nicht tun, wo mussten Sie nicht hingehen, was wurde vermieden usw.?
3. Was haben Sie durch das Symptom bekommen, was Sie sonst nicht – oder zu wenig – bekommen hätten? Liebe, Zuneigung, Aufmerksamkeit usw.?
4. Machen Sie diese Aufzeichnungen bei jedem neuen Auftreten des Symptoms und vergleichen Sie dann Ihre Notizen. Wo sind Gemeinsamkeiten oder gleiche Abläufe zu erkennen?

Wenn Sie Ihre Hausaufgaben korrekt erledigen, wird Ihnen schon sehr bald klar werden, um was es bei Ihrem Symptom in Wirklichkeit geht.

Nur an dem, was wir erkannt haben,
können wir arbeiten.
Solange wir es nicht erkannt haben,
arbeitet es an uns.

Unser eigener Anteil 9

Klassische Zusammenhänge von Krankheitsbild und Persönlichkeitsstruktur

Wir haben über das Beispiel des Herzeleids und des essentiellen Bluthochdrucks gesprochen. Dies waren eindrucksvolle Beispiele des Zusammenhangs von Krankheit und Persönlichkeitsstruktur. Im Fall der Migräne hatte ich Ihnen die kriminalistische Feinarbeit einer Spurensuche nahegelegt.

Wozu ich Sie in diesem Kapitel anregen möchte, ist dagegen so etwas wie eine kriminalistische Grobarbeit, die Sie lediglich auf eine heiße Spur schicken soll.

Die kriminalistische Grobarbeit zeigt den Zusammenhang zwischen typischen Persönlichkeitsstrukturen, dem daraus resultierenden ebenso typischen Verhalten und den daraus erwachsenen ebenso typischen Krankheitsbildern. Also: Persönlichkeitsstruktur = Verhaltensstruktur = Krankheitsbild. Wie gesagt, es gibt keinen Zufall. Eine Krankheit fällt uns nicht einfach zu.

Natürlich kann dies nur ein grober Überblick sein. Wenn ich auf jedes mögliche Krankheitsbild eingehen wollte, würde dieses Buch zu einem Lexikon anwachsen, das trotzdem niemals vollständig sein könnte. Es gibt unzählige Variationen und Kombinationen, und nichts steht – auch in der Medizin – auch nur einen Augenblick still. Was ich hier aufzeige, sind so etwas wie Wegweiser in eine grundsätzliche Richtung. Auch Umwege, Nebenwege und sogar Irrwege sind dabei durchaus möglich.

> *Es ist nicht immer alles ausschließlich so,*
> *es ist nur auffallend häufig so.*

Fangen wir bei unseren Betrachtungen mit den Atmungsorganen an. Atmung bedeutet Leben. Nur was lebt, atmet. Wenn dieses Leben bedroht scheint, gleichgültig, ob in der Realität oder mental empfunden, reagiert die Atmung. Sie will das Überleben sichern und antwortet mit gesteigerter Sauerstoffzufuhr, dem Lebensstoff. Das Herz beginnt zu rasen.

Hyperventilationssyndrom

Eine Hyperventilation ist zu 95 % psychisch bedingt, wobei Frauen dreimal häufiger betroffen sind als Männer. In der Regel wird sie durch Angstvorstellungen, durch Wut oder auch durch starken Schmerz ausgelöst. Typische Auslöser sind familiäre Auseinandersetzungen, die als existenz- oder lebensbedrohend empfunden werden. Der lebenssichernde Sauerstoff wird übermäßig aufgenommen und nicht mehr hergegeben. Der Atemrhythmus gerät durcheinander. Verlustangst auf allen Ebenen.

Meine Empfehlung: Schauen wir uns die familiäre und berufliche Situation an. Was ist darin angstauslösend? Um was wird gekämpft? Was scheint bedrohlich? Was wollen wir festhalten?

Asthma bronchiale

Auch hier spielt eine untergründige Todes- und Verlustangst eine entscheidende Rolle. Asthmatiker können nur schlecht loslassen, sie wollen ungern etwas hergeben, sie sind typische Sammler. Für sie ist von allem zu wenig da. Selbst die Luft zum Atmen wollen sie in einem Anfall nicht wieder hergeben und halten sie fest. Sie können nicht einatmen, weil sie die eingeatmete Luft nicht loslassen. Alles wird aufgestaut.

In der psychosomatischen Literatur wird Asthma oft als unterdrücktes Weinen, als Wutschrei oder als Ruf nach oder auch gegen die Mutter bezeichnet (Mitscherlich 1961). Oft steht oder stand eine überprotektionierende und dominante Mutter im Hintergrund. Asthmatiker sind selten zu tieferem emotionalem Kontakt fähig. Angst vor Hingabe, Angst vor Öffnung. Aber noch einmal: Es ist nicht immer und ausschließlich so, es ist nur auffallend häufig so.

Natürlich werden auch infektiöse und allergische Faktoren als mögliche Ursachen des Asthmas angeführt, aber nach meiner Einschätzung könnten diese alleine nicht greifen, wenn dazu der Boden in der Persönlichkeitsstruktur nicht gegeben wäre.

Meine Empfehlung: Schauen wir uns zunächst die Mutterbeziehung an. Welche Rolle spielte sie im bisherigen Leben und welche Rolle spielt sie jetzt? Was nimmt uns die Luft zu atmen? Was halten wir fest? Wo machen wir zu? Wo trauen wir uns nicht? Was macht uns Angst? Was wollen wir nicht hergeben? Was wollen wir absichern?

Verdauung

Eine ähnlich elementare Lebensfunktion wie der Atmung kommt auch der Verdauung zu. Wir sind zur Nahrungsaufnahme ebenso gezwungen, wie wir zur Sauerstoffaufnahme gezwungen sind. Wir sind gezwungen, die verarbeitete Nahrung ebenso wieder auszuscheiden, wie wir die verbrauchte Luft wieder ausatmen müssen. Wenn in diesem Kreislauf eine Problematik zu erkennen ist, basiert sie in der Regel auf ähnlichen Mechanismen wie bei der Atmung. Eine Frage des Gebens und Nehmens. Eine Frage des Austauschs und der Verarbeitung.

Aus dem Volksmund kennen wir z.B. die Aussage, dass uns etwas *Bauchschmerzen bereitet*. Aber damit verbinden wir dann nicht etwa aufgenommene Nahrung, sondern eher ein mentales Problem, eine bevorstehende Prüfung z.B. Es kann uns auch etwas *auf den Magen* schlagen oder *schwer im Magen liegen*, oder wir können etwas *nur schwer verdauen*, eine Niederlage z. B., oder einen Verlust. Wir können auch an etwas schwer *zu schlucken* haben, es kann uns etwas *im Halse stecken bleiben*. Dann fängt das Problem gleich am Eingang an.

Das, was im gesamten Kreislauf von Nahrungsaufnahme und -ausscheidung vor sich geht, ist in der Regel ein eindeutiges Spiegelbild von Vorgängen auf der mentalen Ebene. Ärztliche Untersuchungen bleiben meist ohne eindeutigen Befund, und so wird halt immer weiter untersucht und experimentiert. Eine Patientenkarriere nimmt ihren Anfang, aber genau das wollten wir ja als „Dr. med. Ich" unbedingt vermeiden. (Mit Krebserkrankungen – vor allem in diesem Bereich – werde ich mich noch gesondert beschäftigen.)

Meine Empfehlung: Schauen wir uns das ganze System in drei verschiedenen Abschnitten an: Aufnahme, Verarbeitung, Ausscheidung.

1. Was wollen wir nicht annehmen, was können und wollen wir nicht schlucken, was würgt uns, was liegt uns quer? Was können wir nicht annehmen?

2. Was können wir nicht oder nur schwer verdauen? Was liegt uns „wie ein Stein" im Magen? Was fressen wir in uns hinein, womit wir dann nicht fertig werden? Was wälzen wir endlos in uns herum? Was ist uns tatsächlich auf den Magen geschlagen?

3. Was wollen wir nicht hergeben, und warum wollen wir es nicht hergeben? Was sind unsere Schwierigkeiten beim Loslassen? Was halten wir fest (Verstopfung), oder was wollen oder können wir nicht festhalten oder auch nicht verarbeiten (Durchfall)?

Ich kann natürlich immer nur Stichworte liefern, die Ihre eigenen Überlegungen anregen sollen. Denken wir immer daran: Was auf den Ebenen drei und vier unseres menschlichen Hauses vorgeht, findet seine direkte Übersetzung auf den darunter liegenden Ebenen. Am Symptom können wir die dahinter liegende tiefere Problematik erkennen.

> *Erkennen wir die tiefere Problematik nicht*
> *und behandeln lediglich*
> *das Symptom auf der körperlichen Ebene,*
> *besteht die Gefahr einer Chronifizierung.*

Ich möchte Ihnen noch ein paar weitere Stichworte zum Bereich Verdauung geben: Probleme im Bereich des Dünndarms haben meist auch etwas mit *Mangel an Geborgenheit* zu tun, mit *sich verlassen und einsam fühlen*, mit *mangelndem Kontakt*, mit *Liebesentzug* und Ähnlichem.

Probleme im Dickdarmbereich deuten auf eine *kontrollierende* und *dogmatische* Persönlichkeit hin. *Perfektionistisch, überkritisch, zwanghaft, pedantisch, nicht loslassen könnend.*

Essstörungen

Essstörungen sind so etwas wie eine Zivilisationskrankheit. Bei Naturvölkern sind sie nahezu unbekannt. Allen Formen dieses Themenkreises liegt zugrunde, dass die Nahrungsaufnahme plötzlich eine übersteigerte Bedeutung bekommt. In ihrer normalen Funktion dient die Nahrungsaufnahme dem Lebenserhalt. In einer verschobenen Bedeutung (Anorexie = Magersucht z. B.) ist sie so etwas wie eine Protesthaltung gegenüber dem Leben, den Mitmenschen und der Welt. Im gegenteiligen Krankheitsbild, der Fresssucht (Adipositas = Fettsucht) ist sie ein Ausdruck der Teilnahme an der Fülle dieser Welt.

> *In beiden Fällen wird über das*
> *Essverhalten etwas ausgedrückt,*
> *was auf anderem Weg nicht erreichbar*
> *oder durchsetzbar erscheint.*

Anorexia: Protest gegen das Leben, den Körper, das eigene Geschlecht, die Rollenverteilung, das Erwachsensein oder -werden usw. Das eigene Selbst ist zu schwach, diesen Protest auf anderem Weg auszudrücken, fühlt sich dazu zu ohnmächtig. Also muss der Körper herhalten. Unter Zwang aufgenommene Nahrung wird heimlich wieder erbrochen. Selbst ein lebensbedrohlich abgemagerte Körper wird als normal empfunden und jede Gewichtszunahme verhindert. Eine total verschobene Sichtweise des Körperideals.

Bei der Adipositas wird hingegen über den Körper eine Teilnahme an der Fülle der Schöpfung erlebt, die ebenfalls auf anderem Weg nicht erreichbar scheint. Eine innere Leere wird durch Nahrung gefüllt, wobei regelrechte Fressattacken nicht selten sind. Fett und voll sein bedeutet sich zu fühlen. Fett sein bedeutete in der Urzeit reich sein. Fett sein bedeutete Glück und Wohlstand. Denken wir an das alte chinesische Symbol für Glück und Wohlstand.

Früher waren die Reichen fett und die Armen mager. Heute ist es eher umgekehrt. Die Reichen können sich jedes Wellnessprogramm und ausgesuchte Nahrung leisten, die weniger Reichen wohl eher nicht. Da führt der Weg dann eher in das Fastfood.

Ich möchte aber auch noch einmal klarstellen, dass die Fettsucht durchaus auch eine organisch bedingte Krankheit sein kann, wobei es dazu natürlich auch wiederum eine entsprechende Disposition geben muss. Auch genetische Faktoren sollen hier mitbestimmend sein. Diese Menschen leiden sehr darunter, bilden aber insgesamt nur einen Anteil von 8 % aller Fälle von Fettleibigkeit. Bei diesen Menschen entschuldige ich mich, wenn ich mich hier etwas uncharmant geäußert habe.

Die Bulimie stellt so etwas wie eine Mischform dar. In einer Fressattacke (meist in der Nacht) wird z. B. der Kühlschrank vollkommen geleert – die Teilnahme an der Fülle wird suchtartig zelebriert. Darauf hin erfolgt so etwas wie eine Selbstbestrafung, da man unbewusst kein Recht für sich erkennen kann, an der Fülle teilzunehmen. Die aufgenommene Nahrung wird willentlich wieder erbrochen, wonach dann nicht selten erneut gefressen wird usw. usw.

Meine Empfehlung: Bei Ess-Störungen ist in jedem Fall eine fachliche Behandlung angezeigt, da die gestörte Nahrungsaufnahme zu lebensbedrohlichen Mangelerscheinungen und organischen Fehlfunktionen führen kann.

Leider ist in diesem Bereich selten ein Krankeitsbewusstsein (Ausnahme Bulimie) vorhanden. Als „Dr. med. Ich" können Sie in einer derartigen Problematik nur entscheiden, sich von kompetenten Fachleuten helfen zu lassen und dabei vor allem auf Ihren inneren Kollegen zu hören.

Der Bewegungsapparat

Wenden wir uns einer anderen Lebensäußerung zu, der Bewegung. Bewegung ist Leben. Nur was tot ist, bewegt sich nicht. Mit jeder

Abnahme der Bewegung gehen wir einen Schritt in Richtung Unlebendigkeit.

> *Das Bewegliche*
> *ist ein Zeichen des Lebens,*
> *das Unbewegliche*
> *ist ein Zeichen des Todes.*

Ein Kind ist voller Bewegungsdrang und kann selten ruhig sitzen, ein Greis wird immer unbeweglicher und will nur noch ruhig sitzen. Ein völlig natürlicher Vorgang, wenn er parallel zum zeitlichen Ablauf eines Lebens geschieht. Wenn er „unzeitgemäß" auftritt, müssen andere Faktoren als der normale Lebensablauf hinzugekommen sein, und diese Faktoren wollen wir ein wenig beleuchten.

Rheuma

Rheuma ist lediglich der Obergriff für verschiedene Krankheitsbilder und bedeutet nichts anderes als „fließender Schmerz". Allen Krankheitsbildern gemeinsam ist eine mehr oder weniger starke Bewegungseinschränkung. „Bewegung wird schmerzhaft", und da wir gesagt haben, dass Bewegung gleich Leben ist, wird auf indirektem Weg also „Leben schmerzhaft".

Symptomatisch ist die so genannte „Morgensteifigkeit", also der Übergang vom Schlaf zum Wachsein, der Übergang von der Ruhe zur Bewegung. Eine innere Bewegungsbremse wird auf die rein muskuläre Ebene übertragen. Geistige Unbeweglichkeit und Starrheit werden zur körperlichen Unbeweglichkeit.

Denken wir immer daran: Der Körper drückt lediglich das aus, was auf darüber liegenden Ebenen unseres körperlichen Hauses seine Ursache hat. Jesus sagte: „An ihren Früchten werdet ihr sie erkennen." Unser Körper ist unsere Frucht.

Meine Empfehlung: Denken wir einmal darüber nach, wo wir starr und unbeweglich sind, wo wir verkrampfen, wo wir Recht behalten wollen, wo wir unflexibel sind, wo wir kämpfen. Wo sind wir zwanghaft, perfektionistisch, überkritisch, in gewisser Weise vielleicht sogar masochistisch, mit ausgeprägtem Helfersyndrom bis zur Selbstaufopferung.

Verleugnen oder bagatellisieren wir die Erkrankung, oder sind wir bereit, sie anzunehmen? Darf ich mich verwundbar zeigen? Darf ich mir helfen lassen, oder muss ich mich durchbeißen?

Dies sind alles nur Anregungen. Sie spüren selbst, ob hier etwas zutrifft oder nicht. Ihr innerer „Dr. med. Ich" weiß sehr wohl Bescheid. Hören Sie auf ihn!

Die Wirbelsäule

Bei der Wirbelsäule geht es immer um das zentrale Thema „Aufrichtigkeit". Die Wirbelsäule ist das, was uns aufrichtet. Dass die Wirbelsäule einer gewissen Abnutzung unterliegt, dass die Dicke der Bandscheiben mit zunehmenden Alter abnimmt, dass die Bandscheiben dann auch in den Ruhephasen nicht mehr so stark besaften und wieder aufquellen, wie dies in jüngeren Jahren der Fall ist, ist als völlig normal anzusehen.

Wir wissen ja, dass der Mensch durch dieses Phänomen im Laufe seines Lebens um ca. 2–3 cm kleiner wird. Kritisch wird es, wenn Rückenprobleme in den so genannten „besten Jahren" oder sogar schon bei Kindern auftreten.

> *Hier haben Rückenprobleme*
> *nur relativ selten etwas mit dem Zustand*
> *der Wirbelsäule zu tun.*
> *Sie sind eher ein Spiegelbild von*
> *Vorgängen auf der mentalen Ebene.*

Die Röntgenaufnahme einer Wirbelsäule kann völlig unauffällig sein und der Mensch trotzdem wahnsinnige Schmerzen erleiden. Umgekehrt kann eine solche Aufnahme Schlimmstes befürchten lassen, aber der Mensch ist relativ schmerzfrei, und es geht ihm nach eigener Aussage sogar gut.

Auch hier können wir wieder einiges aus dem Volksmund lernen: Wir stehen z. B. *unter dauernder Belastung*, es *drückt uns nieder,* wir haben *schwer zu tragen*, es *lastet auf uns*, es *beugt uns*, ja, es kann uns sogar *das Rückgrat brechen* und dann *buckeln* wir uns durchs Leben.

An der äußeren Haltung des Menschen können wir unschwer seine innere Haltung erkennen. Aufrecht und selbstbewusst – oder kummervoll und gebeugt. Mit aufrecht meine ich allerdings nicht die Hagestolze, die den *Kopf zu hoch tragen*. Sie sind in ihrer roboterhaften Versteifung verletzlicher als alle anderen. Sie werden *gebeugt* werden. Nehmen wir zur Körperhaltung noch den Gesichtsausdruck und die Gestik eines Menschen hinzu, erhalten wir ein ziemlich genaues Bild. Wie innen, so außen.

Wenn wir z. B. durch die Straßen einer Siedlung gehen und die verschiedenen Häuser anschauen, können wir uns leicht ein Bild von den Menschen machen, die in diesen Häusern wohnen. Ein Haus sagt immer etwas über seine Bewohner aus: großzügig, kleinkariert, pedantisch, offen, verbarrikadiert, lichtvoll oder zugewachsen. Wenn wir durch die Straßen gehen und die menschlichen Häuser (Körper) anschauen, können wir ganz ähnliche Beobachtungen machen.

Wenn ich zur Sommerzeit in München bin, setze ich mich gerne in die Fußgängerzone und schaue die vorübergehenden Menschen an. Zu jedem könnte ich spontan eine Geschichte erfinden, und seien Sie sicher, 60–70% des Inhalts dieser Geschichten würden zutreffen. Eine Übung, die Sie vielleicht auch einmal machen sollten. Wann schauen wir schon einmal bewusst Menschen an? Viele erschrecken, wenn sie bemerken, dass man sie anschaut. Lassen Sie sich davon nicht irritieren.

Meine Empfehlung, wenn wir uns in Sachen Rückenschmerzen einmal selbst anschauen: Wie steht es mit unserer Aufrichtigkeit? Sind wir flexibel genug? Wo versteifen wir uns? Wo stehen wir unter Druck? Welche Last tragen wir? Wofür legen wir uns krumm? Wo lassen wir es an Haltung mangeln? Was droht uns das Rückgrat zu brechen? Wo sind wir unbeweglich?

Die Bereiche Atmung, Nahrung und Bewegung, die wir bis jetzt behandelt haben, dürften als grundsätzliche Beispiele genügen. Mit einigen anderen Bereichen möchte ich mich deshalb etwas kürzer fassen.

Haut

Die Haut ist das größte Organ des Menschen. Sie ist das Grenzorgan, das uns nach außen hin abschließt, und ist doch gleichzeitig auch das Kontaktorgan, das uns erlaubt zu fühlen und gefühlt zu werden. Wir können sozusagen hautnahen Kontakt pflegen. Der Haut kommt zudem eine Schutzfunktion zu, und sie dient dem Wärme- und Flüssigkeitsaustausch. Die Haut reagiert direkt auf innere Vorgänge – Gänsehaut, Erröten, Schwitzen, Erblassen. Probleme in diesem Bereich haben in der Regel immer etwas mit zwischenmenschlichem Austausch zu tun, mit Nähe und Distanz, mit Öffnen und Verschließen.

Meine Empfehlung: Denken wir drüber nach, was uns unter die Haut geht? Was erleben wir hautnah? Wo könnten wir aus der Haut fahren? Wo sind wir zu dünnhäutig oder dickhäutig? Wo versuchen wir mit heiler Haut davonzukommen?

Sind wir berührbar oder unberührbar? Wo zeigen wir Haut? Haben wir eine löchrige Haut oder richtet unsere Haut einen Schuppenpanzer auf, wie z. B. bei der Neurodermitis? Leben wir im Urvertrauen, können wir uns fallen lassen, können wir uns hingeben? Ist „hautnah" für uns rein oder unrein, gefährlich oder ungefährlich?

Ohren und Augen

Wer Ohren hat zu hören, der höre, – wer Augen hat zu sehen, der sehe!

Es kann uns aber auch *Hören und Sehen vergehen*, wie der Volksmund es so treffend ausdrückt, und das ist dann eher im übertragenen Sinn gemeint, als dass es etwas mit der reinen Funktion dieser beiden Sinnesorgane zu tun hätte.

Oft können wir etwas nicht mehr mit ansehen, können nicht mehr hinsehen, oder wir können etwas einfach nicht mehr hören. Die Folge: Das Sinnesorgan reagiert entsprechend unserer inneren Disposition und hört oder sieht nicht mehr so genau hin. Die Sehschärfe und das Hörvermögen gehen zurück, denn wir wollen ja auch gar nicht mehr so genau hinhören oder hinsehen. Eine ungelöste Problematik in diesem Bereich kann bis zur so genannten psychogenen Blindheit oder Taubheit führen. Ein Mensch ist dann tatsächlich blind oder taub, obwohl organisch keine Ursache dazu feststellbar ist.

Nun gibt es natürlich auch hier wieder so etwas wie einen natürlichen Altersabbau. Das Hören hoher Frequenzen fällt uns normalerweise im Alter schwerer, und wir werden kurz- oder weitsichtig. Ich kann z. B. das Zirpen der Grillen nicht mehr hören, habe mich sozusagen von den schrillen Tönen des Lebens entfernt. Dafür bin ich dann weitsichtiger geworden. Beides kann man im Alter durchaus akzeptieren. Umgekehrt wäre es bedenkenswert.

Hörsturz: Etwas nicht mehr hören zu können oder zu wollen kann auch bis zu einem Hörsturz führen. Alles ist nur noch wie durch eine dicke Watteschicht hörbar. Keineswegs besorgniserregend. In der

Regel verschwindet ein solcher Hörsturz ebenso plötzlich, wie er gekommen ist. In einigen Fällen kann lediglich eine leichte Hörminderung oder (in seltenen Fällen) ein Tinnitus zurückbleiben.

Es bedarf bei einem Hörsturz keinerlei medizinischer Behandlung, auch wenn in Deutschland gerne mit Infusionen gearbeitet wird. Für mich ist das nichts anderes als eine klassische Alibi-Behandlung. Man tut ja etwas, lässt den Patienten nicht alleine, und Geld bringt es letztlich auch noch in die Kasse. In den USA, die sicher kein medizinisches Entwicklungsland sind, wird ein Hörsturz grundsätzlich nicht behandelt, da es dazu keinen medizinisch fundierten Ansatz gibt. Das Endergebnis ist mit und ohne Behandlung gleich.

Meine Empfehlung: Bleiben wir ganz ruhig und überlegen wir, warum unsere Ohren zumachen? Was wollen wir nicht mehr hören? Was können wir nicht mehr hören? Was liegt uns ständig in den Ohren? Sehen wir auch einen Hörsturz als Chance, an solchen Themen zu arbeiten. Ohne diesen deutlichen Hinweis hätten wir nichts erkannt.

Tinnitus: Ich betreue in meinem Leben einige Hundert Tinnitus-Geplagte, und mir ist dabei kein einziger Mensch begegnet, bei dem nicht eine Beteilung der Psyche an seinem Problem feststellbar war, direkt oder indirekt. In den meisten Fällen ging die Lautstärke des Tinnitus mit der psychischen Verfassung einher. Bei Druck, Stress, Disharmonie usw. laut und in relativ friedlichen Phasen dagegen leise. Erträglich im Urlaub, quälend im Alltag.

Niemand weiß bis heute zuverlässig, wie ein so genannter „subjektiver Tinnitus" entsteht, und so gibt es, ähnlich wie beim Hörsturz, auch keinen wissenschaftlich fundierten Behandlungsansatz. Trotzdem wird auch hier behandelt, weil man „vermutet", – und zwar eine Durchblutungsstörung des Innenohrs. Ich bin überzeugt, dass, wenn wir einmal einen fundierten Behandlungsansatz zum Problem Tinnitus finden werden, dieser im Hirn und nicht im Ohr liegen wird.

Wir hören mit dem Hirn, nicht mit dem Ohr. Das Ohr ist lediglich eine Antenne, die ein Signal zum Hirn weiterleitet. Erst dort wird dieses Signal dann als Ton identifiziert. Bis zu einer Lösung des Tinnitus-Problems sollten wir das tun, was wir als „Dr. med. Ich" tun können.

Meine Empfehlung: Schauen wir uns an, wo wir unter Druck stehen. Warum können wir diesen Druck nicht abbauen? Hadere ich mit diesem Ton und meinem Schicksal? Wann ist der Ton lauter, wann ist er leiser? Achte ich auf den Ton, oder ist er mir gleichgültig?

Jedes Auflehnen, jedes Hadern, jedes „Sich-dagegen-Stemmen", jedes „Nicht-Annehmen" verstärkt den Ton. Jedes Akzeptieren, jedes Integrieren, jedes „Nicht-Beachten" beruhigt den Ton. Habe ich den Ton oder hat der Ton mich? Wer geht mit wem um? Werden Sie Freunde statt Feinde. In Feindschaft können wir den Tinnitus nie besiegen.

Noch ein Hinweis: Oft kommt die Reaktion auf eine Druckperiode erst zeitversetzt, z. B. im Ruhestand. Wo jetzt endlich Ruhe herrschen sollte, bricht dann das aus, was wir in der Druckperiode „unter"-drückt haben.

Psyche und Organ

Ich möchte Ihnen noch ein paar klassische Zusammenhänge von Psyche und Organ aufzeigen, die wir hier nicht so ausführlich behandeln konnten. Wie gesagt, es sollten Wegweiser in eine generelle Richtung sein, auf die Sie Ihre Feinarbeit aufbauen können.

Leber: Wut, Ärger, Selbsthass, unnachgiebig, nörgeln, Verzweiflung, Problemvermeidung, überfordert, sauer sein, aggressiv.

Niere: Klassisches Angstorgan (Leben, Versagen, Tod), demoralisiert, machtlos, ausgeliefert, Schuldgefühle, nicht genügen, Stress, Überlastung, fehlende Kompetenz.

Milz/Pankreas: Geringes Selbstwertgefühl, überbesorgt, mangelnde Abgrenzung, Selbstbestrafung, sich abgelehnt fühlen, keine Selbstliebe, Leben durch andere.

Galle: Verbitterung, Opferhaltung, Selbstmitleid, nachtragend, sich abgelehnt fühlen, festgefahren, Missgunst.

Schilddrüse: Ohne Hoffnung, andere anschuldigen, sich ausgeschlossen fühlen, gehemmt, erniedrigt, unentschlossen, träge.

Geschlechtsorgane: Unerfüllte Liebeswünsche, sich schämen, sich verletzt fühlen, schwacher Wille, Selbstmitleid, beleidigt.

Eine angstauslösende Diagnose 10

Krebs

Krebs ist eine der ältesten bekannten Krankheiten der Menschheit. Selbst in Mumien konnten Krebsgeschwüre nachgewiesen werden. Krebs ist als keineswegs eine Zivilisationskrankheit, auch wenn sie in den Industrienationen weitaus häufiger auftritt als anderswo.

Krebs ist in ganz besonderem Maße eine Erkrankung, die den ganzen Menschen betrifft. Gleichgültig, an welcher Stelle sie zunächst ausbricht, geht es immer ums Ganze, physisch wie auch sprichwörtlich. Krebs will sich hemmungslos ausbreiten, Krebs hat einen unersättlichen Appetit. Krebs ist alles andere als bescheiden.

Eine Krebserkrankung ist immer mit vielen Ängsten, Vorstellungen, Vorurteilen und auch Verdrängungen verbunden, was einen nüchternen Umgang mit diesem Problem erschwert. Die Diagnose Krebs löst immer Todesängste aus und wird als schwerer Schicksalsschlag empfunden. Warum gerade ich? Auf dieses „Warum" wollen wir, zumindest ansatzweise, eine Antwort zu finden versuchen.

Tod gilt in unserer Gesellschaft als etwas, das eigentlich gar nicht geschehen dürfte und über das man besser nicht spricht. Dass Tod ein ganz normaler Vorgang des Lebens ist, dass wir auch den Tod, ebenso wie die Geburt, in unser Leben integrieren sollten, erscheint vielen als eine höchst ungehörige Aufforderung. Tod wird lieber ausgeblendet. Tod trifft immer nur die anderen, was sogar verständlich ist, denn in der Zeitung lesen wir ja schließlich immer nur die Todesanzeigen der anderen und mit Sicherheit nicht unsere eigene.

Das Wissen um dem Tod könnte ja die Freude am Leben untergraben, also ignorieren wir dieses Wissen und lassen uns nicht stören.

Krebs holt uns dann wieder auf den Boden der Tatsachen zurück. Ignorieren hilft nun nicht mehr, wir müssen uns der Krankheit stellen. Der Tod als Möglichkeit betritt plötzlich die Bühne unseres Lebens. Wir besiegen ihn, oder er besiegt uns! Er zwingt zur Entscheidung.

> ***Das körperliche Leben***
> ***endet in jedem Falle tödlich.***
> ***Ausnahmen: Bisher keine.***

Jedes Ende ist aber auch gleichzeitig ein Anfang. Es gibt keinen Tod, es gibt nur den dauernden Wandel. Die Schöpfung ist ein immerwährender Prozess des Kommens und Gehens, des Entstehens und des Vergehens. Ohne das Vergehen des Alten und das Entstehen des Neuen wäre keine Entwicklung möglich. Alles würde still stehen. Aber es gibt keinen Stillstand in der Schöpfung. Es gibt auch keinen Stillstand für uns. Wir haben nicht in dieses Leben inkarniert, um still zu stehen.

Wir sind hier, um zu lernen, wir sind hier, um weiterzukommen, und auch eine Krebserkrankung kann durchaus etwas sein, das uns weiterbringt. Eine Krebserkrankung kann unter Umständen sogar das Wichtigste sein, was uns in unserem Leben passiert.

Es gibt viele Menschen, die den Krebs besiegt haben und heute ihr Leben mit ganz anderen Augen sehen. Ihr ganzes Wertesystem hat sich verändert. Es ist, als wären sie zum zweiten Male geboren worden. Hier war der Krebs ein Stück des Weges, den sie zurückgelegt haben. Ohne die Erkrankung wären sie diesen Weg vermutlich nicht gegangen.

> ***Den Krebs als Aufgabenstellung***
> ***„an"-nehmen***
> ***und nicht als Schicksal***
> ***„hin"-nehmen!***

In der Schreibweise der Begriffe Annehmen und Hinnehmen handelt es sich zwar nur um wenige unterschiedliche Buchstaben, aber in der Konsequenz liegt zwischen diesen beiden möglichen Verhaltensweisen die Dimension einer ganzen Milchstraße.

> *Krebs ist eine Aggression.*
> *Krebs ist eine Kriegserklärung.*
> *Krebs ist Aufruhr.*

Bisher brave Zellen des Körpers werden aggressiv und breiten sich nunmehr hemmungslos aus. Sie kündigen ihre bisherigen Dienste auf, sie nehmen ihre angestammten Aufgaben nicht mehr wahr, sie dienen nicht mehr dem Ganzen, sondern haben nur noch die Vervielfältigung ihrer selbst im Sinn. Während normale Zellen so etwas wie eine Kontakthemmung haben, wenn sie auf andere Zellen stoßen, reagiert die Krebszelle genau umgekehrt.

Sie unterwirft andere Zellen und nimmt an deren Stoffwechsel teil, sie saugt sie sozusagen aus. Krebszellen sind rücksichtslose Schmarotzer, die selbst vor Zellen der eigenen Art nicht haltmachen, was aber ihre ungezügelte Ausbreitung leider nicht entscheidend reduzieren kann. Was dieses ungezügelte Wachstum bedeutet, ist Destruktion, Revolution, ist Zerstörung.

Im Krankheitsbild Krebs sucht sich etwas einen Weg, was im normalen Leben des Patienten meist zurückgehalten wurde. Vor Ausbruch der Erkrankung war er meist medizinisch wie auch emotional unauffällig. Er war eher angepasst, kommunikativ, freundlich und hilfsbereit, manchmal auch etwas verschlossen. Aggressionen hat er – um des lieben Friedens willen – meist in sich hineingefressen, hat das ganz allein mit sich ausgetragen. Er hat seine Aggressionen so lange eingesperrt, bis sie sich nun selbst befreit haben. Die nicht gelebten Emotionen toben sich nun hemmungslos aus und nehmen keinerlei Rücksicht mehr. Krebs ist eine typische Autoaggression, Krebs ist Revolution.

Ich möchte das an folgendem Beispiel noch etwas deutlicher machen: Wenn die Regierung eines Landes die Regungen des Volkes zu lange unterdrückt, wenn sie das Volk knebelt, wenn sie seine natürlichen Lebensimpulse zu stark reglementiert und totale Disziplin und Unterordnung erwartet, wird es über kurz oder lang eine Revolution geben. Krebs ist eine solche Revolution. Bisher brave Zellen revoltieren und versuchen das ganze System zu vereinnahmen.

Oft ist zu beobachten, dass eine gewisse Zeit nach Ausbruch des Krebses auch der Patient aggressiv wird. Bei biologischen Therapien gehört dies fast zum festen Ablauf und wird als positives Zeichen gesehen. Die Aggression sucht sich wieder einen normalen Ablauf. Aber bei all meinen Schilderungen typischer Abläufe im Krebsgeschehen gilt auch hier wieder: *Es ist nicht immer und ausschließlich so, es ist nur auffallend häufig so.*

Auch ein Choleriker, der jede Aggression direkt umsetzt, ist nicht vor einer Krebserkrankung gefeit, sie trifft ihn nur relativ seltener. Er hat die dem Krebsgeschehen zu Grunde liegende Problematik auf anderem Weg ausgelebt. Er braucht den Krebs nicht.

Nun empfehle ich damit keineswegs, sich zum Choleriker zu entwickeln, es gibt wesentlich zivilisiertere Möglichkeiten, eine Aggression herauszulassen. Wir müssten uns nur von der unterschwelligen Angst befreien, evtl. nicht mehr gemocht und anerkannt zu werden, vielleicht sogar unseren unanfechtbaren Status zu verlieren und die eigenen Positionen und Meinungen klar und unmissverständlich deutlich machen. Dazu muss man nicht cholerisch agieren. Wichtig ist allein, es herauszulassen, auch wenn „man" so etwas doch nicht tut.

Im Krebs äußert sich nicht zugelassenes
und nicht gelebtes Leben.

Nicht selten waren die Betroffenen vor der Erkrankung in einer latent depressiven Stimmung, die aber gekonnt überspielt wurde. Es bestand wenig Neigung, das Leben wirklich mit anderen zu teilen oder sich sogar mitzuteilen. Alles war mehr oder weniger eine wohlgehütete Fassade ohne Tiefgang, ein Rollenspiel: freundlich, verbindlich oder auch relativ verschlossen, gut nachbarlich, fachlich unangreifbar, kompetent, überkontrolliert, gewissenhaft, verantwortungsbewusst. Seht her, ich lasse mir nichts zu Schulden kommen!

Eine Textpassage aus der Operette „Land des Lächelns" ist hierfür recht typisch: *Immer nur lächeln und immer vergnügt, immer zufrieden, wie's immer sich fügt, Lächeln trotz Weh und tausend Schmerzen.* Doch wie's da drin aussieht, geht niemand was an.

Natürlich können auch Nikotin, Strahlen und Chemikalien krebsauslösend sein. Jeder weiß das. Die damit ständig gereizten Zellen versagen irgendwann ihren Dienst, mutieren und brechen aus. Aber auch dies ist nicht immer und ausschließlich so. In der Regel sind mehrere Faktoren beteiligt, Krebs ist immer ein multifaktorelles Geschehen.

Den einen Menschen rafft der Krebs nach einem Konsum von sechzig Zigaretten pro Tag schon frühzeitig dahin, ein anderer wird mit dem gleichen Konsum neunzig Jahre alt. Wenn starkes Rauchen in jedem Fall zum Krebs führen würde, müsste es das dann auch in jedem Fall tun, tut es aber nicht. Damit rede ich nicht für das Rauchen, ganz im Gegenteil.

Die Chance auf Heilung beginnt damit, den Krebs als eine ganzheitliche Aufgabenstellung anzusehen und nicht nur den Körper stellvertretend in die Schlacht zu schicken und ergeben abzuwarten.

Wir, der Hausherr, sind gefordert, wir können uns nicht einfach ausklinken. Ohne eine entscheidende Änderungen in unseren Führungsmethoden wird keine Heilung möglich sein.

Wir müssen unser Verhalten ändern, damit sich etwas ändert.

Ich hatte am Anfang des Buches von einer Krebspatientin aus einer oberbayerischen Kleinstadt berichtet. Sie erinnern sich sicher daran. Auf der körperlichen und auch auf der mentalen Ebene hat sie alles getan, was möglich war, und dadurch die negative Prognose der Onkologin (Restlebenszeit ca. sechs Monate) bislang um drei Jahre überlebt.

Was jetzt unbedingt von Nöten wäre, wären entscheidende Änderungen auf ihrer Verhaltensebene, und hier schreckt sie leider immer noch zurück. Sie ist z. B. immer noch „viel zu lieb" und harmoniesüchtig.

Ich muss sie lassen, denn es ist ihr Leben. Solange sie ihre Aufgabenstellung noch nicht vollkommen erkannt und angenommen hat, braucht sie die Krankheit noch. Ich habe kein Recht, ihr diesen Lernstoff zu nehmen, obwohl ich alles tue, damit sie ihn erkennt.

Wirkliche Hilfe besteht darin, einen Menschen zur Erkenntnis zu führen. Sie besteht nicht darin, ihm die Lernaufgabe, an der er wachsen soll, abzunehmen. Damit tun wir ihm keinen Gefallen. Selbst wenn wir es schaffen, ihn durch Einsatz aller medizinischen Möglichkeiten vom Krebs zu befreien, er aber nicht erkannt hat, worum es eigentlich geht, wird die Befreiung nicht von langer Dauer sein.

Eine sehr weit verbreitete Krebsart ist der weibliche Brustkrebs. Auch dazu möchte ich eine kurze Anmerkung machen. Die weibliche Brust hat zwei Hauptfunktionen. Sie ist einmal ein nährendes Organ (Stillen) und andererseits ein weibliches Reizorgan (Sexualität). Wenn hier ein Krebs auftritt, hat er seinen Hintergrund so gut wie immer in diesen beiden Bereichen. Am deutlichsten dann, wenn das weibliche Rollenspiel generell abgelehnt wird. Wenn weder eine nährende noch eine sexuelle Reizfunktion akzeptiert wird, kann der Körper leicht auf diese äußeren Attribute verzichten. Z. B. ist die Brustkrebsrate bei im Kloster lebenden Nonnen überproportional hoch.

Nach meinen Erfahrungen besteht fast immer eine Problematik in der individuellen weiblichen Rolle oder in einer Partnerschaft, die dann auch zu einem Krebs im Unterleibsbereich führen kann. In einer völlig harmonischen Partnerschaft und einem erfüllten Liebes- und Sexualleben hingegen tritt ein Krebs nur vergleichsweise selten auf. Dies gilt übrigens auch für den Prostatakrebs des Mannes.

Meine Empfehlung: Denken wir einen Augenblick darüber nach, wo überall wir elementare Lebensimpulse unterdrücken. Was fressen wir, um des lieben Friedens willen, in uns hinein? Wo stehen wir nicht zu unseren Gefühlen? Wo lassen wir niemanden an uns heran?

Wo funktionieren wir mehr, als dass wir leben? Wo passen wir uns überall an? Wo stehen wir nicht zu uns selbst? Wo beugen wir uns bestehenden Regeln und machen lieber eine Faust in der Tasche, statt uns offen zu äußern? Was verstehen wir unter Harmonie? Erlaube ich es mir, hin und wieder über die Stränge zu schlagen, oder muss ich mich über so etwas eher schämen?

Wo bin ich offen, wo bin ich verschlossen? Was würde es für mich bedeuten, wenn mich jemand total durchschaut? Durchschaue ich mich eigentlich selbst, oder schaue ich auch hier lieber weg?

Die Bedeutung des Umfeldes 11

Heilsame und unheilsame Energiefelder

Das positivste und heilsamste Energiefeld, in das wir eintauchen können, ist Gottes unverfälschte Natur. Eines der negativsten und unheilsamsten Energiefelder, in das wir eintauchen können, ist ein typisches Krankenhaus.

Nun haben wir nicht immer die Wahl. Wenn wir ernsthaft erkrankt sind, wenn wir z. B. operiert werden müssen oder einen schweren Unfall hatten, werden wir uns nicht im Wald und auf der Heide behandeln lassen können.

Wir landen immer und automatisch in einem Krankenhaus, einer Praxisklinik oder ähnlichen Einrichtung. Hier sind wir dann am besten aufgehoben, wie alle und wie wir vielleicht sogar selbst meinen. Dies trifft zu, und dies trifft im gleichen Maße auch wieder nicht zu.

Krankenhäuser sind in den meisten Fällen „kranke Häuser".

Nicht im bautechnischen Sinn, obwohl auch dies manchmal zutreffen kann. Das Energiefeld eines Krankenhauses ist geprägt von Angst, Leid, Schmerz, Verzweiflung, Tränen, Überforderung, Hoffnung und Tod.

> *Nirgendwo wird mehr*
> *gelitten und gestorben*
> *als in einem Krankenhaus.*

Vielleicht nur noch übertroffen von so genannten Altenpflegeheimen, in denen teilweise sogar menschenunwürdige Zustände herrschen. Wir wissen ja, dass jeder Gedanke, jede Angst, jede Verzweiflung, die mit uns umgeht, eine energetische Schwingung erzeugt, die sich nicht nur über alle Ebenen unseres körperlichen Hauses ausbreitet, sondern sich auch nach außen hin verbreitet. Wir sind wie kleine Radiosender, die ein bestimmtes Programm ausstrahlen.

Alles ist Schwingung, alles schwingt. Selbst ein Stein befindet sich in Schwingung, heilsam oder unheilsam, wie wir z. B. aus der Therapie mit Halbedelsteinen wissen. Ein Amethyst schwingt anders als ein Rosenquarz und ein Obsidian wieder anders als ein Bergkristall. Schwingungen übertragen sich ebenso auf uns, wie sich unsere Schwingung auf andere Dinge überträgt.

Herrscht eine bestimmte Schwingung eine Weile vor, kann sie sich sogar auf Räume, Gebäude und auch Orte übertragen. Eine Waldkapelle hat z. B. eine andere Schwingung als ein Lokal im Rotlichtbereich, das Einwohnermeldeamt einer Großstadt, die Beratungsstelle eines Arbeitsamtes oder das Vereinslokal des örtlichen Tennisclubs.

> *Menschen prägen mit ihren Gedanken, Sorgen und Ängsten das Energiefeld eines Ortes.*

Wenn es also einen Platz gibt, an dem über Jahre und Jahrzehnte hinweg täglich so viel negative Schwingung ausgesendet wird wie in einem Krankenhaus, dann entsteht dort ein absolut unheilsames Energiefeld.

Alles in diesem Energiefeld atmet diese Schwingung, und wenn wir als Kranker dort liegen, werden auch wir von dieser Schwingung erfasst. Dazu müssen wir nicht einmal im Bett eines vielleicht erst gestern Verstorbenen liegen.

Was wir aber dringend benötigten, wäre ein völlig gegensätzliches Energiefeld, denn wenn wir krank sind, steht es mit unserem eigenen Energiefeld ohnehin nicht zum Besten. Wir befinden uns ja schon in einem gewissen Defizit. In unserem eigenen Energiefeld ist ja schon etwas durcheinander geraten, oder wir wären nicht krank.

Aber es gibt noch andere Umstände, die mich ein Krankenhaus als „krankes Haus" verdächtigen lassen. Viele Menschen infizieren sich erst im Krankenhaus mit etwas, was sie dann tatsächlich umbringt. Jährlich sterben Tausende Menschen an Infektionen, die sie sich in einem Krankenhaus zugezogen haben. In einem diesbezüglichen Bericht des Bayerischen Fernsehens vom 5. Nov. 2006 wurde eine erstaunlich hohe Zahl genannt, die ich bewusst nicht weitergeben möchte, um Sie nicht zusätzlich zu ängstigen. Angst ist immer der schlechteste Begleiter, den wir unbedingt durch Achtsamkeit ersetzen sollten. Angst – nein, Achtsamkeit – ja.

Trotz strengster Hygienevorschriften sind Krankheitserreger in einem Krankenhaus nie gänzlich in den Griff zu bekommen. Ärzte, Krankengymnasten, Pflegepersonal, Friseure, Fußpfleger, Reinigungskräfte und Servicepersonal aller Art eilen von Flur zu Flur, von Zimmer zu Zimmer, von einem kranken Menschen zum anderen, und die Besucher tragen ein Übriges dazu bei.

Nicht immer bleibt, in knappen Personalsituationen, vor allem im nächtlichen Dienst, die Zeit zur korrekten Einhaltung aller Hygienevorschriften. Denken wir auch an die oft total überforderten Ärzte, die nach langen Dienstzeiten oft saft- und kraftlos nur noch versuchen irgendwie über die Runden zu kommen. Auch ihnen setzt das negative Energiefeld gewaltig zu.

Nun kann man meinen Ausführungen natürlich entgegenhalten, dass infektiöse Krankheiten grundsätzlich auf einer speziellen Isolierstation behandelt werden, um deren Weiterverbreitung auszuschließen.

Dies ist zweifellos richtig, aber um diese Erkrankungen geht es hier nicht. Es geht um die als weniger gefährlich eingestuften, um die, die nicht automatisch in eine Isolierstation führen, um die, mit denen ein Mensch bei intaktem Immunsystem normalerweise keine Schwierigkeiten hat, die aber bei einem geschwächten Menschen einen enormen Schaden anrichten können.

In einem Krankenhaus müssen wir davon ausgehen, dass das Immunsystem eines Patienten in der Regel bereits geschwächt ist. Das Immunsystem ist ja schon anderweitig beschäftigt, es kämpft schon an anderen Stellen. Der Mensch ist schon krank, oder er wäre nicht hier. Erreger aller Art haben somit ein relativ leichtes Spiel. Eine sonst harmlose Erkältung z. B. kann sich sehr schnell zu einer Lungenentzündung entwickeln und zum Tode führen.

Das ganze Leben ist eine einzige Gefahr, wenn wir es einmal ganz nüchtern betrachten, aber wir sollten uns der recht unterschiedlichen Gefahren bewusst werden. Auch wenn wir uns in den ganz normalen Straßenverkehr begeben, begeben wir uns in Gefahr. Aber wir sind uns dieser Gefahr bewusst, verhalten uns entsprechend vorsichtig und gehen kein zu hohes Risiko ein. Zumindest sollte es so sein.

Wenn wir nun genau so bewusst und vorsichtig mit einem möglichen Krankenhausaufenthalt umgehen, wenn wir auch hier nicht blindlings und vertrauensselig folgen, wenn wir uns nicht zur Ausnutzung einer Bettenkapazität benutzen lassen, wenn wir kritisch und wachsam bleiben, dann haben meine Aussagen zu diesem Thema ihren Sinn erfüllt. Angst wäre der denkbar schlechteste Begleiter, wie wir schon gesagt haben. Sie wissen ja, Angst zieht immer das an, wovor wir Angst haben.

Meine Empfehlung: Gehen wir mit der Möglichkeit eines Krankenhausaufenthaltes sehr bewusst und vor allem sehr sparsam um. Akzeptieren wir einen Krankenhausaufenthalt nur dann, wenn er absolut unumgänglich ist. Bleiben wir nur so kurz wie medizinisch notwendig, und wechseln wir so schnell wie möglich in ein heilsameres Energiefeld.

Versuchen wir nicht, eine so genannte „Auszeit" im Krankenhaus zu nehmen und es uns dort gut gehen zu lassen. **Dies könnte sich zu einem fatalen Irrtum entwickeln.**

Das Reden über Krankheiten

Sie kennen das, es gibt Menschen, die können über nichts anderes reden als über Krankheiten. Sie sind ein wahres Krankheitslexikon, wobei ihre eigenen Wehwehchen natürlich immer etwas ganz Außergewöhnliches sind. Wir selbst können ein Gespräch beginnen, womit auch immer wir wollen, spätestens nach zwei bis drei Minuten landen wir beim Lieblingsthema unseres Gegenübers, den Krankheiten.

Unser Gegenüber wartet nur auf seinen Einsatz, und wenn es ihm zu lange dauert, kommt die scheinheilige Frage: „Ach übrigens, wie geht es Ihnen denn gesundheitlich?" Selbst wenn wir antworten, dass wir keinerlei Probleme haben, kommt ein Satz wie: „Ja, aber der Herr Mayer hat neulich, und sogar die Ärzte haben …" usw. usw.

Es gibt kein Entrinnen, oder wir entfernen uns, und genau das sollten wir konsequent tun. Gehen wir, fliehen wir, wir haben das Recht dazu, wir müssen uns nichts antun, was uns nicht gut tut, und ein derartiges Gerede tut uns nicht gut. Ich bin in solchen Fällen sehr direkt und frage mein Gegenüber, ob er nichts Gesundes weiß, über das wir uns unterhalten könnten, am Thema Krankheiten wäre ich nicht interessiert.

Ich erinnere noch einmal daran: Alles, was sich in unserem Kopf bewegt, Gedanken, Bilder und Vorstellungen aller Art, hat unmittelbare Auswirkungen auf die darunter liegenden Ebenen unseres körperlichen Hauses. Das, was in der Zentrale gesendet wird, wird auf den anderen Ebenen empfangen.

Denken Sie noch einmal an das Beispiel, wie der Körper bei der Vorstellung unseres Lieblingsgerichts reagiert. Dieses Beispiel ist völlig harmlos. Wenn wir uns nun mit Krankheiten beschäftigen, wenn wir den blumigen Ausführungen unseres Gegenübers folgen und uns nun vorstellen sollen, wie der Herr Mayer gelitten hat, ist das in seinen Auswirkungen weit weniger harmlos.

In unserer geistigen Zentrale läuft etwas ab, was alles andere als gesund ist. Statt uns in einem gesunden und aufbauenden Energiefeld zu bewegen, tauchen wir in ein genau gegenteiliges Energiefeld ein. Statt uns mit Gesundheit und Lebensfreude zu beschäftigen, beschäftigen wir uns mit Leid und Krankheit.

> *Wir beschäftigen uns mit dem,*
> *was wir verhindern wollen,*
> *statt mit dem, was wir erreichen wollen.*

„Herr Ober, zwei Bier bitte nicht!" Sie kennen dieses Beispiel. Der Ober wird uns Bier bringen, denn schließlich haben wir doch eindeutig von Bier gesprochen. Seinem geschulten Ohr ist das Wort Bier und die Zahl zwei nicht entgangen.

Auch das geschulte Ohr unseres Unterbewusstseins wird nur Krankheit verstehen. Das Unterbewusstsein kennt keine Verneinung. Wenn solche Beschäftigung zur Regel wird, wird es uns die Krankheit ebenso einmal servieren, wie uns der Ober das Bier servieren wird. Das Gesündeste wäre es, wenn wir das Thema Krankheit völlig aus unseren Gedanken verbannen könnten. Wir müssen nicht an jedem Leid teilnehmen.

Wir müssen nicht jede Fernsehsendung über irgendeine Krankheit sehen, wir müssen nicht jeden Artikel lesen, der sich mit Krankheit beschäftigt, wir müssen uns auch nicht in Gespräche über Krankheiten hineinziehen lassen. Wir haben ein Grundrecht auf mentale und körperliche Unversehrtheit.

Nun wird mancher sagen, dass man doch nicht einfach so tun kann, als gebe es Krankheiten und das damit verbundene Leid gar nicht. Man müsse doch Mitleid mit den Menschen haben, die so etwas trifft.

Wenn auch Sie so denken, ist das, was ich in diesem Buch bisher gesagt habe, leider völlig spurlos an Ihnen vorübergegangen. Ich hoffe, Sie erkennen das spätestens jetzt.

Noch einmal: Krankheit ist kein Zufall, Krankheit fällt uns nicht einfach zu. Wenn sich bei Herrn Mayer eine Krankheit eingestellt hat, dann hat er etwas damit zu tun. Wenn wir etwas damit zu tun hätten, wären wir daran erkrankt und nicht der Herr Mayer.

Nun können und sollten wir natürlich versuchen, Herrn Mayer dabei zu helfen, sein Problem und seinen eigenen Anteil daran zu erkennen und zu lösen. Aber es hat überhaupt keinen Sinn, an seiner Krankheit teilzunehmen und mit ihm zu leiden. Es genügt, wenn er leidet. Wir müssen das Leid nicht auch noch vergrößern, indem wir „mit"-leiden, und sei es auch nur im Gespräch.

Wir reduzieren das Leid in dieser Welt nicht dadurch, dass wir mitleiden, wir reduzieren das Leid nur dadurch, dass wir dazu beitragen, seine Ursachen zu erkennen und die Wege aufzeigen, es zu vermeiden.

Wir können und sollten „mit"-fühlend sein, aber wir sollten keinesfalls „mit"-leidend sein.

Der Psychodruck der Vorsorge

„In Ihrem Alter sollte man doch mindestens alle zwei Jahre" – „Ja, wenn Ihre Mutter das hatte, dann sind Sie auch höchst gefährdet und sollten jetzt dringendst" – „Wenn man es erkennt, ist es meist schon zu spät, Sie sollten deshalb unbedingt vorher" ... Hatten Sie schon einmal Krebs in Ihrer Familie? „Mindestens fünfzig Prozent hätten geheilt werden können, wenn" ...

Bestimmt kennen Sie solche Aussagen. Und was tut der brave und folgsame Patient? Er lässt z. B. seinen Darm durchleuchten, schluckt brav eine Magensonde, erduldet, wenn männlich, den tastenden Finger des Urologen oder Hausarztes in seinem After oder läuft, wenn weiblich, zur regelmäßigen Mammographie und Unterleibsuntersuchung usw. Jedes Mal sind unterschwellige Ängste damit verbunden, und jedes Mal wird das Untersuchungsergebnis mit Spannung erwartet. Wir leben in einer Art Vorsorgewahn.

> *Wir wollen sicherstellen,*
> *etwas nicht zu bekommen,*
> *beschäftigen uns aber genau mit dem,*
> *was wir nicht bekommen wollen.*

„Herr Ober, zwei Bier bitte nicht." Sie kennen diesen Mechanismus.

Ich finde es durchaus vernünftig, dann und wann einmal seine Blutwerte untersuchen zu lassen oder den Stuhl auf okkultes Blut hin zu prüfen. Zu Letzterem bekommt man vom Arzt kleine Testbriefchen, auf die man an drei verschiedenen Tagen etwas Stuhl aufträgt, und die man ihm dann wieder zurückschickt. Wenn er eine bestimmte Flüssigkeit auf die Rückseite dieser Briefchen tropft, kann er an der Verfärbung feststellen, ob sich Blut im Stuhl befindet oder nicht. Zu mehr würde ich nicht raten, oder es gäbe einen aktuellen Anlass dazu.

> *Es ist ebenso falsch,*
> *etwas einfach zu ignorieren,*
> *wie es falsch ist, überbesorgt zu sein.*

Ängste und Sorgen ziehen immer genau das an, wovor wir Angst haben und um das wir uns Sorgen machen.

Dies gilt auf allen Ebenen. Wenn wir Sorge haben, etwas zu verlieren, sind wir auf dem besten Weg, es zu verlieren, wenn wir Sorge haben, dass bei uns eingebrochen wird, sind wir auf dem besten Weg zu diesem Einbruch. Wir bereiten sozusagen mental den Boden dafür vor, wir nehmen es in unser Energiefeld auf, es wird zur Möglichkeit. „Vor"-sorge kann somit im wahrsten Sinne des Wortes zur Vorstufe von Sorgen werden.

Meine Empfehlung an Sie als „Dr. med. Ich": Folgen Sie Ihrem Gefühl, folgen Sie Ihrem inneren Dr. med. und lassen Sie sich nicht verunsichern oder gar benutzen.

Fühlen Sie sich besser mit regelmäßigen Vorsorgen, dann gehen Sie hin. Fühlen Sie sich eher unwohl dabei und tun es nur, weil „man" das ja tun sollte, dann lassen Sie es einfach und denken Sie nie mehr daran.

Bleiben immer und ausschließlich Sie der Herr Ihres körperlichen Hauses. Behalten ausschließlich Sie die Fäden in der Hand.

Auch meine Empfehlungen sollten Sie sorgsam abwägen und dann entscheiden, ob sie sich für Sie richtig anfühlen oder nicht.

Sie müssen mir keineswegs in allem folgen. Ich möchte Sie ja ganz bewusst zu einem genau gegenteiligen Verhalten führen.

Der Buddha Gautama sagte sinngemäß Folgendes zu seinen Schülern: Glaubt nicht, weil ich es euch sage, glaubt nicht, weil es so geschrieben steht, glaubt nur, weil ihr fühlt, dass ihr es glauben könnt.

Zu diesem Gefühl haben wir ja auch noch den Armtest, den ich Ihnen erklärt habe und den Sie natürlich auch mit diesem Buch vornehmen können.

Krankheit als Mittel zum Zweck 12

Die instrumentalisierte Krankheit

Haben Sie schon einmal einen Menschen von „seiner" Krankheit reden hören oder sich vielleicht sogar selbst dabei ertappt, dass Sie z. B. wieder einmal „Ihre" Kopfschmerzen bekamen?

In solchen Situationen sollten sofort alle Warnlampen angehen, denn eine solche Formulierung drückt nichts anderes aus, als dass jemand eine Krankheit, oder auch die Möglichkeit des Ausweichens in eine Krankheit, zu seinem Eigentum erklärt hat. Er hat sie sozusagen seiner Persönlichkeit hinzugefügt, sie ist „sein".

Was aber der Mensch einmal zu seinem Eigentum erklärt hat, was er einmal als „ihm zugehörig" eingeordnet hat, das gibt er dann auch so schnell nicht wieder her.

> *Es gibt Menschen,*
> *die sind „ihre" Krankheit,*
> *etwas anderes haben sie nicht anzubieten.*

Derartige Eigentümer wissen über nichts anderes zu reden als über „ihre" Krankheit. Sie haben keinerlei Interessen außerhalb ihrer Krankheit. Ohne „ihre" Krankheit wären sie nichts. Ein Tag ohne Krankheit, ein Tag ohne Gelegenheit, darüber zu reden, ein Tag, ohne sich ernsthafte Sorgen machen zu können, würde sie völlig irritieren.

Man kann ihnen alles nehmen, nur bitte „ihre" Krankheit nicht. Ohne „ihre" Krankheit wären sie wie nackt.

> *Jeder Therapieansatz bleibt erfolglos*
> *und wird nur als Beweis*
> *der Besonderheit und Ernsthaftigkeit*
> *„ihrer" Krankheit gewertet.*

Dabei tun sie nach außen alles, um die Krankheit loszuwerden. Sie rennen von einem Arzt zum anderen, sie probieren jedes neue Mittel aus, bestellen sich über das Internet sogar Medikamente aus den USA oder sonst woher, lesen jeden Artikel, der sich mit „ihrer" Krankheit befasst, und lassen auch keinen Heiler aus, über den irgendwo einmal berichtet wurde.

Seht her, ich tue wirklich alles, um die Krankheit endlich loszuwerden.

Aber lassen wir uns nicht täuschen, all diese Aktivitäten dienen nur der Trophäensammlung. Sie suchen zwar unermüdlich nach jemandem, der ihnen helfen könnte, aber das fördert nur die eigene Wichtigkeit. Auf die Idee, sich einmal selbst zu betrachten, dabei das eigene System zu hinterfragen und vielleicht sogar zu durchschauen, kommen sie nicht. Dies würde ihnen den Boden entziehen.

Alle Versuche, die in diese Richtung zielen, egal, woher sie kommen, werden mit Vehemenz abgeblockt. Selbst eine Andeutung in dieser Richtung halten sie für schlichtweg unverschämt. Wagen Sie es deshalb nie, die Ernsthaftigkeit „ihrer" Krankheit in Frage zu stellen.

Das einmal errichtete System kämpft ums Überleben, und damit ist leider nicht zu spaßen. Wird die Ernsthaftigkeit zu deutlich in Frage gestellt, wird das System allzu offen bloßgestellt, kann dies bis hin zum Suizid führen, um letztlich doch noch recht zu behalten. Also ist äußerste Vorsicht geboten.

Wir müssen verstehen lernen, dass Krankheit für solche Menschen zum Lebensinhalt geworden ist. Wir können jemandem nicht einfach den Lebensinhalt wegnehmen, wir können nur versuchen, ihn langsam zu verlagern. Wir können nur versuchen, „ihre" Krankheit zu etwas zu machen, das am Ende mehr Verluste als Vorteile bringt.

Wir müssen etwas anderes anbieten, was die Lücke sofort ausfüllt.

Natürlich erzählen solche Menschen jedem, der es wissen oder auch nicht wissen möchte, über ihren unermüdlichen Kampf mit der Krankheit, das ist ja das Interessante daran. Wenn dann noch irgendwo sogar ein Professor erklärt hat, dass er so etwas noch nicht gesehen habe, dann ist das so etwas wie eine Ehrenurkunde. Irgendwie wussten sie ja schon immer, dass „ihre" Krankheit etwas ganz Einmaliges ist.

In solchen Fällen gilt in ganz besonderem Maße das, was ich im vorherigen Kapitel gesagt habe: Ergreifen wir sofort die Flucht! Das Falscheste, was wir in einem solchen Fall tun könnten, wäre es, den Erzählungen zuzuhören. Erstens täte es uns nicht gut, wenn wir uns in dieses Energiefeld hineinziehen ließen, und zweitens bestärkten wir damit nur das unselige System.

Wir helfen nicht dadurch, dass wir darauf eingehen, wir helfen nur dadurch, das wir jeden Versuch, sich durch Krankheit interessant zu machen, bereits im Keim ersticken und weitgehend ignorieren. „Ja, du hast es wirklich nicht leicht", ist das einzige, zu dem wir uns vielleicht hinreißen lassen sollten, um uns dann zu verabschieden.

Bieten wir uns hingegen als geduldige Zuhörer an, zeigen wir sogar so etwas wie Mitleid, was ich ja schon einmal als Unsinn bezeichnet habe, bestärken wir das System. Der Mensch bleibt in seinem selbst errichteten Käfig gefangen.

Das System *Aufmerksamkeit und Zuwendung durch Krankheit* erfährt noch eine wesentliche Steigerung im System *Herrschen durch Krankheit*.

Ganze Familien werden damit terrorisiert, was ich in meiner Kindheit selbst so erleben durfte. Wenn meiner Mutter irgendetwas nicht passte, wenn sie das Gefühl hatte, dass etwas an ihr vorbeiging, ihr aus den Händen glitt oder sie sich nicht durchsetzen konnte, bekam sie prompt „ihre" Herzschmerzen.

Mit vorwurfsvoll leidender Miene saß sie dann auf einem Stuhl, sich mit einer Hand das Herz haltend. Jeder hatte ab sofort ruhig und rücksichtsvoll zu sein. Alles drehte sich nur noch um Mutters Herzschmerzen, und wenn ich der Grund „ihrer" Schmerzen war, wenn ich sie wieder einmal aufgeregt hatte, wie sie meinte, zog ich mir den unbändigen Zorn meines Vaters zu, der mich umgehend verprügeln wollte, worauf sie sich dann heldenhaft dazwischen warf. Eine Komödie ganz besonderer Art.

> *Der Versuch, Aufmerksamkeit*
> *durch Krankheit zu erreichen*
> *oder durch Krankheit zu herrschen,*
> *geschieht in der Regel*
> *nicht verstandesgesteuert!*

Es sind konditionierte Abläufe, es sind Mechanismen, die tief in der unbewussten Ebene des Betreffenden verankert sind. Die Kopfschmerzen oder auch die Herzschmerzen, die ich als Beispiel angeführt habe, sind in der Regel ganz real vorhanden. Sie sind keine bewusste Täuschung, obwohl auch das natürlich möglich ist.

In bestimmten Situationen reagiert der Körper einfach mit diesen Reflexen – um etwas zu verhindern oder auch um etwas zu erreichen, und solange das funktioniert, weicht er davon nicht ab. Warum sollte er auch?

Oft werden solche Verhaltensmuster bereits in der Kindheit etabliert. Bin ich krank, muss ich nicht in die Schule gehen, bin ich krank, muss meine Mutter sich um mich kümmern und sie kann nicht an die Arbeit gehen, bin ich krank, stehe ich im Mittelpunkt, bin ich krank, bekomme ich, was ich sonst nicht bekomme usw.

Meine Empfehlung: Wenn immer jemand von „seiner" Krankheit spricht oder wenn wir uns selbst bei einer solchen Formulierung erwischen, gehen wir sofort auf Abstand und hinterfragen die Situation.

Lassen wir uns nicht durch Krankheit missbrauchen und missbrauchen wir umgekehrt keine Krankheit. Zeigen wir Mitgefühl, aber kein Mitleid.

Lassen wir uns nicht durch Krankheit beherrschen. Weder durch die Krankheit anderer noch durch unsere eigene Krankheit. Bleiben wir Herr im eigenen Haus.

Lassen wir uns nicht durch Krankheit erpressen. Wenn wir dem Versuch einmal stattgeben, werden wir dauernd erpresst werden.

Wir können mehr bewirken, als wir denken 13

Die heilende Kraft der Ebene fünf

Ich hatte versprochen, Sie am Ende des Buches noch mit der Technik der Heilung aus der Ebene fünf vertraut zu machen und auch die Technik des Draufschauens noch etwas genauer zu erklären. Wenden wir uns zunächst der Heilung zu.

In unserem Modell der fünf Ebenen des menschlichen Hauses repräsentiert die Ebene fünf unsere unbegrenzte geistige Ebene, das, was wir als unseren göttlichen Kern oder als unser wahres und unbegrenztes Sein bezeichnet haben, unser ICH BIN.

Wir haben auch gesagt, dass dies die einzige Ebene unseres menschlichen Seins ist, die nicht krank werden kann. Wir haben weiterhin gesagt, dass es möglich ist, die unbegrenzte Gesundheit dieser Ebene – zumindest ansatzweise – auch auf unseren Körper zu übertragen.

Unsterblich und ewig gesund wird unser Körper natürlich auch dadurch nicht werden.

Wie wir schon gesagt haben, endet unsere körperliche Existenz in jedem Fall tödlich, aber bis dies einmal unumgänglich ist, sollten wir die uns zur Verfügung stehenden Möglichkeiten, gesund zu bleiben, bewusst einsetzen. Und damit sind wir bereits beim alles entscheidenden Stichwort: Bewusstheit!

*Wir müssen uns bewusst sein,
wer oder was wir eigentlich sind.*

Sehen wir uns als kleinen, sterblichen, unbedeutenden und machtlosen Menschen, der seinem Schicksal hilflos ausgeliefert ist, oder sehen wir uns als ein unbegrenztes, unsterbliches, geistiges Wesen, das für kurze Zeit in diesem menschlichen Körper wohnt und für sein Lebensergebnis selbst verantwortlich ist?

Fühlen Sie den entscheidenden Unterschied: klein, sterblich, unbedeutend, machtlos, ausgeliefert –, oder unbegrenzt, unsterblich, selbstbestimmend und göttlicher Natur.

Letzteres ist kein Grund zum Größenwahn. Vielleicht empfindet jemand den Anspruch, „göttlicher Natur" zu sein, als Anmaßung.

Aber überlegen wir einen Augenblick: Wenn Gott unser Vater ist, wenn Gott unser Ursprung ist, dann müssen wir ebenso seiner Natur sein, wie ein Gemälde oder ein Roman der Natur des Malers oder Schriftstellers entspricht, der es geschaffen hat. Im Geschaffenen ist immer der Geist des Erschaffenden enthalten. Also, trauen wir uns! Es ist keine Anmaßung, wenn wir uns auf unser Erbe berufen.

Wir sind das unbegrenzte geistige Wesen in diesem Körper, das immer mit seinem wahren Zuhause verbunden bleibt. Wir können diese Verbindung nutzen oder wir können sie brach liegen lassen. Es liegt ganz bei uns.

Wir haben diesen Körper, aber wir sind nicht dieser Körper.

Wir haben Gedanken, aber wir sind nicht diese Gedanken.

Wir haben Gefühle, aber wir sind nicht diese Gefühle.

Wir sind das, was unseren Körper, was unsere Gedanken und unsere Gefühle wahrnehmen kann.

Wären wir identisch mit unserem Körper, wären wir identisch mit unseren Gedanken und unseren Gefühlen, könnten wir uns nicht selbst wahrnehmen. Während wir denken, können wir feststellen, was wir denken. Das, was da feststellt, was wir denken, das ist unser wahres Ich.

Letztlich ist es das, was uns vom Tier unterscheidet. Ein Tier kann sich nicht selbst wahrnehmen. Es kann sich weder selbst beobachten noch hinterfragen.

Die Ebene fünf ist so etwas wie das Bindeglied zwischen begrenzt und unbegrenzt. Während unseres Erdenaufenthalts sind wir ebenso mit der unbegrenzten geistigen Ebene wie mit der begrenzten, körperlichen Ebene verbunden. Entscheidend ist allein, welche dieser beiden Ebenen wir als unser wahres ICH bezeichnen, von welcher Ebene aus wir operieren.

Nun ist die begrenzte, körperliche Ebene etwas Ansehbares und Anfassbares, während die unbegrenzte geistige Ebene immer abstrakt bleibt. Für unsere Arbeit wäre es aber eine Erleichterung, wenn wir diese abstrakte Ebene zumindest mit einem Symbol verbinden könnten, wenn es etwas für uns Vorstellbares gäbe, das wir z. B. mit einer kranken Stelle unseres Körpers verbinden könnten.

Und dazu ist nichts besser geeignet als die Vorstellung von Licht. Wir reden ja auch immer vom „göttlichen Licht", und Menschen, die den körperlichen Tod schon erlebt hatten und dann reanimiert wurden, berichten von einem strahlenden Licht, von dem sie sich angezogen fühlten.

Wenn wir es nun schaffen würden, dieses göttliche Licht an das Dunkel einer kranken Stelle, eines kranken Organs oder auch durch unseren ganzen Körpers fließen zu lassen, dann müsste Heilung geschehen. Und dies ist in der Tat so, wie ich es in vielen hundert Fällen selbst erlebt habe.

Wenn ich mit einem kranken Menschen arbeite, benutze ich sehr häufig die Technik einer meditativen Tiefenentspannung, in der ich dann – gemeinsam mit ihm – das heilende göttliche Licht in seinen Körper oder an eine bestimmte Stelle seines Körpers fließen lasse.

Oft lege ich dazu meine Hand auf seinen Kopf, verbinde mich meinerseits mit der unbegrenzten Ebene und lasse das Licht dann durch mich hindurch in seinen Körper fließen. Natürlich geschieht dies alles nur auf der rein geistigen Ebene. Würde uns jemand von außen beobachten, würde er wohl keinerlei Licht sehen, es sei denn, er wäre selbst erleuchtet.

Ich fordere den kranken Menschen dann auf, sich vorzustellen – und dabei vor allem auch sehr genau zuzuschauen –, wie das Licht vom Kopf her durch seinen Körper an die kranke Stelle fließt und es dort plötzlich hell wird. Vielleicht so, wie man ein Licht in einer Höhle anzündet.

Wir schauen dann gebannt zu, was dort passiert, was sich dort verändert, was das Licht dort bewirkt, wie es arbeitet, wie es heilt, und ich gebe dazu natürlich einige Anregungen, ich führe gewissermaßen.

In der Regel fertigen wir vor einer solchen Sitzung eine Tonaufzeichnung an, mit der dann im häuslichen Umfeld regelmäßig weitergearbeitet werden kann.

Ich habe bereits am Anfang des Buches berichtet, wie eine Frau mit einer ähnlichen Technik die bei ihr angewandte Strahlentherapie bei einem Hirntumor unterstützt hat. Sie erinnern sich, dass wir dazu sogar mit Wasserfarben ein Bild von diesem Hirntumor gemalt hatten, den wir dann von Tag zu Tag schrumpfen ließen, indem wir die Farbe am Rand anlösten und schrittweise wegnahmen.

Nun noch kurz zur Technik des Draufschauens.

Diese Technik ist auch nur von der Ebene fünf aus durchführbar. Auch hier müssen wir uns zunächst wieder bewusst machen, wer oder was wir sind.

Wie wir schon öfter gesagt haben: Wir *haben* diesen Körper, aber wir *sind* nicht dieser Körper, wir *sind* nicht diese Gedanken oder diese Gefühle. Wir haben dies alles, und mit allem, was *wir* haben, sollten auch *wir* bestimmen, wie *wir* damit umgehen.

Machen wir uns bewusst, dass das, was wir normalerweise unter unserem Ich verstehen, nichts anderes ist als die Summe der Konditionierungen, denen wir von Geburt an unterliegen. Wir haben uns unsere Wahrheiten und Ansichten nicht selbst ausgesucht, man hat sie uns beigebracht. Mein Lieblingsbeispiel:

Wären wir bei der Geburt vertauscht, zu ganz anderen Eltern gegeben worden und möglicherweise sogar in einem anderen Kulturkreis aufgewachsen, wären wir heute völlig anders.

Wir würden in ganz anderen Wahrheiten leben, hätten ganz andere Denk- und Verhaltensstrukturen. Was ist dann also unser konditioniertes Ich, was sind unsere Wahrheiten und Grundsätze eigentlich wert? Nicht viel!

Also identifizieren wir uns mit unserem wahren Ich, der Ebene fünf, und schauen wir von dort aus auf das Treiben der Figur, in die wir hineingeschlüpft sind.

Wir haben diese Figur,
aber wir sind nicht diese Figur.
Wir spielen diese Rolle,
aber wir sind nicht diese Rolle.

Wir sind wie Schauspieler, die abends ans Theater gehen und eine bestimmte Rolle spielen. Solange wir diese Rolle spielen, gehen wir darin völlig auf, ja, wir sind diese Rolle, und je mehr wir uns damit identifizieren, desto glaubwürdiger wirken wir und desto stärker springt der Funke auch zum Publikum über.

Aber wenn das Stück zu Ende ist, fällt der Vorhang und wir gehen wieder nach Hause. *Es* war nur eine Rolle, *wir* waren nicht diese

Rolle. Im nächsten Theater oder in der nächsten Spielzeit spielen wir wieder eine ganz andere Rolle.

Es erleichtert die Arbeit des Draufschauens und damit auch des Durchschauens ungemein, wenn wir diese Rolle, die wir z. Zt. spielen, mit unserem Vornamen belegen. Beobachten wir unseren Hans oder unsere Edith. Reden wir mit ihr und führen wir sie so behutsam und verständig, wie wir mit einem Kind reden und es führen würden. Wir sind der Regisseur.

Das Kind lebt in einer anderen Wahrheit als wir. Es hat nur seine begrenzte kleine Sicht und identifiziert sich völlig mit der angenommenen Rolle.

Wir dürfen das Kind nicht überfordern. Das Kind muss lernen, uns zu vertrauen. Nur wenn es uns vertraut, öffnet es sich. Nur wenn es uns vertraut, kommen wir an das Kind heran.

Wir brauchen eine liebevolle Beziehung zu unserer körperlichen Existenz.

Wenn wir nur Unzufriedenheit signalisieren, wenn wir mit unserem Kind schimpfen, ihm Vorhaltungen machen, es dauernd mit anderen vergleichen und es überfordern, verschließt es sich und wir haben keinen Zugang mehr.

Was wir aber brauchen, ist Partnerschaft statt Gegnerschaft. Signalisieren wir Verständnis und es wird auch uns verstehen. Es hat sich nicht selbst so gemacht, es ist so konditioniert worden. Es hat keine Schuld. Es will uns nicht schaden, es weiß halt nicht besser.

Also, auf geht's. Ich wünsche Ihnen viel Erfolg und ein heiles Leben.

Wo fängt das Altwerden an? 14

Alt oder jung – eine Frage des Standpunktes

Wir können unser Thema nicht abschließen, ohne auch über das Altwerden gesprochen zu haben. Nun ist alt zu sein oder alt zu werden eine äußerst relative Angelegenheit. Wann ist man eigentlich alt? Verzeihung, wenn ich eine so simple Frage stelle. Ich weiß es wirklich nicht. Wenn mich z. B. jemand nach meinem Alter fragt, muss ich einen Moment nachdenken, um eine korrekte Antwort zu geben. Ich selbst denke nie darüber nach.

Aus der Sicht eines Achtzehnjährigen zähle ich mit Sicherheit zu den alten Leuten. In deren heutiger Umgangssprache gehöre ich wohl inzwischen zu den Gruftis. Ein Achtzigjähriger hingegen würde sagen, dass ich ja noch relativ jung sei. Entscheidend ist also der Blickwinkel, aus dem heraus wir diese Frage stellen und auch beantworten. Aber dies gilt nicht nur dann, wenn uns jemand von außen betrachtet, dies gilt vor allem dann, wenn wir uns selbst betrachten. Und auch dabei ist es von entscheidender Bedeutung, womit wir unser Ich identifizieren.

> *Unser Körper mag vielleicht*
> *schon relativ alt sein,*
> *aber was hat dessen Alter mit uns,*
> *dem unbegrenzten, geistigen Wesen*
> *in diesem Körper, zu tun?*

Wir können so jung sein wie eh und je. Ich kenne sehr alte Fünfzigjährige und ich kenne sehr junge Siebzigjährige, und die sind dann tatsächlich auf allen Ebenen ihres menschlichen Hauses jung oder eben alt. Der Geist formt auch hier den Körper.

Wir haben gesagt, dass die Ebene fünf für unsere Gesundheit von ganz entscheidender Bedeutung ist, für unser Gefühl des Alt- oder Jungseins ist sie von noch größerer Bedeutung.

Wenn wir auf der mentalen Ebene beschließen, alt zu sein, da wir ja jetzt z. B. pensioniert wurden oder inzwischen Oma oder Opa geworden sind, werden alle darunter liegenden Ebenen unseres menschlichen Hauses diese Eingabe prompt übersetzen.

Wir sind nicht alt, wir haben nur beschlossen, alt zu sein.

Es gibt dann plötzlich Dinge, die *man* in unserem Alter nicht mehr tut. Es gibt feste Vorstellungen darüber, wie *man* sich in unserem Alter kleidet, wo *man* unmöglich noch hingehen kann usw.

Also meine dringende Empfehlung: Lassen wir *man* sein, wie er will. Kümmern wir uns nicht im Geringsten darum, wie wir nach Meinung anderer nun zu sein haben oder keinesfalls mehr sein dürfen. „Wir dürfen, ja, wir müssen."

> *„Wir" setzen den Maßstab*
> *in unserem Leben.*
> *Wir lassen uns den Maßstab*
> *nicht von anderen setzen.*

Machen wir uns immer wieder bewusst, wer wir in Wahrheit sind: Wir sind das unbegrenzte, geistige Wesen in diesem begrenzten Körper. Wir sind weder jung noch alt. Lediglich unser Körper unterliegt dem zeitlichen Wandel. Es ist lediglich der Körper, den wir als jung oder alt bezeichnen, aber was haben wir damit zu tun?

Wenn der Körper nicht mehr zu gebrauchen ist, werden wir uns von ihm verabschieden. Für unseren Körper ist es dann das Ende, für uns ist es lediglich der Wandel von begrenzt körperlicher zu unbegrenzt geistiger Existenz, bis wir dann vielleicht wieder einmal ... in einem anderen Körper ... oder vielleicht auch nicht. Davon müssen Sie nicht unbedingt überzeugt sein. Es ist nicht entscheidend für das, was wir hier besprechen.

Natürlich lassen bestimmte körperliche Funktionen und Fähigkeiten im Alter nach. Dies ist so normal, wie es Tag und Nacht oder Sommer und Winter wird. Aber wie schnell solche Funktionen nachlassen, ist von uns, dem Hausherrn dieses Körpers, durchaus beeinflussbar. Hierbei gilt die unumstößliche Regel: Use it or lose it.

Alles, was wir nicht ausreichend beschäftigen, schläft ein.

Selbst unser Gedächtnis schläft ein, wenn wir es nicht ausreichend beschäftigen. Wenn wir z. B. glauben, dass es besser ist, etwas zu notieren, bevor wir es vergessen, dann setzen wir auch damit ein Programm, das sich umsetzen wird. Wir müssen es ja nicht behalten, wir haben es ja notiert. Wir legen unser Gedächtnis selbst lahm.

Kritisch wird es dann, wenn wir vergessen, dass wir es notiert haben und wo wir es notiert haben, und dies wird am Ende garantiert so sein. Aber auch dagegen soll es ja inzwischen Pillen geben, wie uns die Fernsehwerbung glauben machen will.

Wichtig ist, dass wir unsere Fähigkeiten und Fertigkeiten auch im Alter noch regelmäßig abrufen. Natürlich werden wir mit fortschreitendem Alter gewisse Abstriche machen müssen, aber dies ist keinesfalls ein Grund, sie erst gar nicht abzurufen. Ich nenne Ihnen ein konkretes Beispiel aus meinem Leben.

Ich war in jüngeren Jahren ein relativ wilder Skifahrer und hatte es bis zum Übungsleiter im Deutschen Skiverband geschafft. Kein Hang war mir zu steil, keine Abfahrt zu schnell. Ein kurzer Blick auf den Hang genügte, und die Linie, die ich nehmen würde, die Stellen, wo ich meine Schwünge ansetzen würde, waren mir sofort klar.

Dies ist auch heute noch so, wenn ich an einem Hang stehe, und trotzdem gibt es einen entscheidenden Unterschied. So klar mir auch die Linie im Kopf ist, so lebendig diese Funktion auch jetzt noch ist, so wenig ist mein Körper geneigt, ihr dann auch exakt zu folgen.

Die Übersetzungswege sind länger geworden, der Körper folgt nicht mehr so schnell und zuverlässig. Ich muss deshalb heute etwas anders fahren, *aber ich fahre*, und das ist das Entscheidende. Ich gestatte es meinem Körper nicht, mir diese Freude zu blockieren.

Völlig falsch wäre es, wenn ich nun bejammern würde, wie gut doch früher alles ging und dass es heute leider nicht mehr so einfach geht. Dass es Hänge gibt, die ich früher mit Leichtigkeit gefahren bin, aber heute nicht mehr so fahren kann. Dass eben alles nachlässt und das Altern eine traurige Angelegenheit sei. Es gibt wahre Weltmeister in solchen Jammer-Arien, aber warum sollte ich so etwas tun? Warum sollte ich mich selbst verstümmeln?

Ich fahre heute so, wie es mein Körper heute zulässt, und führe ihn dabei jedes Mal bewusst an die Grenze des Zulässigen, um diese Grenze so lange wie möglich aufrecht zu halten.

Dabei treffe ich Schutzmaßnahmen, die ich früher nicht getroffen habe. Ich trage z. B. einen Helm und einen Rückenprotektor, denn wenn ich stürzen sollte, ist die Verletzungsgefahr des unelastischer gewordenen Körpers natürlich wesentlich größer als früher. Es wäre falsch, dies einfach zu ignorieren, aber genau so falsch wäre es, sich dadurch von etwas abhalten zu lassen.

Ich empfinde heute die gleiche Lebenslust und Freude, wenn ich z. B. auf dem freien Feld eines Gletschers meine Ski einmal so richtig laufen lasse und mir der Fahrtwind schier den Atem nimmt. Oft schreit es dann aus mir heraus: „Danke Gott für diese wunderbare Welt, danke für dieses Leben."

Oft hört man den Wunsch älterer Menschen, noch einmal jung sein zu dürfen. Also, ich möchte nicht einen einzigen Tag jünger sein, als ich bin. Ich kann heute Dinge tun, die ich früher nicht tun konnte, – z. B. solche Bücher schreiben. Ich habe heute eine andere Sicht der Dinge, als ich sie früher hatte, ich finde heute Gefallen an Dingen, die ich früher nicht so beachtet habe, und umgekehrt empfinde ich heute Dinge als albern, denen ich früher hinterhergerannt bin.

Alles hat seine Zeit. Die Kunst besteht darin, das zu sehen und anzunehmen, was die Zeit *jetzt* bereithält, und nicht dem nachzutrauern, was sie früher einmal bereithielt. Wenn aber jemand absolut nichts erkennen kann, was die Zeit heute für ihn bereithält, ist er so blind wie ein Maulwurf.

Wenn für mich früher alles besser war als heute, dann mache ich heute etwas falsch.

Bitte lesen Sie diesen Satz ganz bewusst: Ich mache etwas falsch. Nicht das Leben, die Behörden, die Familie, die Nachbarn oder wer auch immer. Ich bin Herr und Meister meines Lebens – zumindest sollte ich es sein.

Genau so wichtig wie das Erkennen und Annehmen der Dinge im Hier und Jetzt ist die Perspektive einer Zukunft. Gerade im Alter ist es wichtig, Pläne zu haben, gerade im Alter ist es wichtig, eine Zukunft zu haben. Wo will ich noch hin? Was will ich noch sehen? Was will ich noch tun, was möchte ich noch wissen, was möchte ich noch ausprobieren? usw.

Ein Mensch, der keine Zukunft für sich sieht, schaufelt mit jedem Tag sein eigenes Grab.

Warum sollte er auch leben? Es gibt ja nichts mehr zu tun. Die innere Uhr tickt auf Verabschiedung, und die verbleibende Zeit wird mehr oder weniger lustlos abgesessen. Eine absolute Undankbarkeit gegen das Leben, eine absolute Undankbarkeit gegen Gott. Millionen Menschen würden gerne mit ihm tauschen.

Wenn wir also älteren Menschen helfen wollen, helfen wir ihnen nicht dadurch, dass wir sie gelegentlich beschäftigen, indem wir vielleicht einen Ausflug mit ihnen machen oder dergleichen, wir helfen ihnen zunächst einmal dadurch, dass sie ihr Leben im Hier und Jetzt erkennen, annehmen und bejahen und nicht nur in der Vergangenheit leben.

Ausflüge und Besuche können natürlich hilfreich sein, aber alleine sind sie zu wenig, vor allem wenn sie pflichtgemäß zum Geburtstag, zum Muttertag oder zu Weihnachten erfolgen. Nach dem Besuch, nach dem Ausflug sitzt der Mensch dann da wie immer und wartet auf den nächsten Besuch oder Ausflug.

Im Prinzip hat sich seine Abhängigkeit nur noch vergrößert. Ideal wäre es, wenn er einen Besuch oder Ausflug eher als störend empfinden würde, weil er dadurch von Dingen abgehalten wird, die ihm wichtiger sind.

Es gibt ein wunderbares Gleichnis:

Gib einem Hungernden einen Fisch, und er hat einen Tag keinen Hunger mehr. – Gib ihm drei Fische, und er hat drei Tage keinen Hunger mehr. – Lehre ihn fischen, und er hat nie mehr Hunger.

Aber wer hat uns schon wirklich gelehrt zu leben? Wir haben gelernt zu funktionieren und dadurch unseren Platz in der Gesellschaft einzunehmen. „Zu leben" hat uns dabei leider niemand gelehrt. Wenn nun die erlernte Funktion des Funktionierens wegfällt, fällt auch unser angestammter Platz weg, und wir sind plötzlich nur noch mit uns selbst konfrontiert.

Die falsche Ich-Identifikation mit einer Funktion als Hausfrau, Mutter, Rechtsanwalt, Ingenieur, Geschäftsführer, Ladenbesitzer, Finanzbeamter stellt uns in dem Moment vor große Probleme, in dem die ausgeübte Funktion wegfällt. Wenn wir darin unser Ich gesehen haben, wenn wir uns damit identifiziert haben, stehen wir nun mit leeren Händen da.

Wir suchen dann meist die Lösung im Außen, machen alles und jedes für unsere Situation verantwortlich, nur nicht uns selbst. Haben wir denn nicht immer alles getan? Haben wir denn nicht immer alles gegeben? Haben wir uns nicht aufgeopfert und auf so vieles verzichtet – und nun die undankbaren Kinder, die Firma oder die Kanzlei, die ohne uns nicht wären, was sie jetzt sind usw., ein eines geistigen Wesens unwürdiges Gejammere.

Eine ältere Dame, die zu mir kam, war der Ansicht, dass ihr Leben keinen Sinn mehr habe, da es niemanden mehr gebe, für den sie sorgen könne, für den sie sich noch irgendwie nützlich machen könne. Sie würde nur noch allen zur Last fallen, und es wäre wohl besser, wenn es sie nicht mehr gebe.

Bei so etwas packt mich der Zorn, und ich habe ihr gründlich den Kopf gewaschen, wie man das wohl nennt, worüber sie auch sichtlich erschrocken war. Sie hatte sich so sehr in ihre Scheinwahrheit eingelullt, dass ein normal freundliches Gespräch sie sicher nicht erreicht hätte.

Wo lagen ihre Fehler? Nun, sie sah offensichtlich den Sinn ihres Lebens darin, für andere da zu sein und für sie zu sorgen. Auf die Idee, dass der Sinn ihres Lebens in ihr selbst liegen könne, war sie nie gekommen.

Sie hatte sich selbst zu einem „Nutzmenschen" gestempelt, dessen einziger Sinn wohl darin bestand, für andere da zu sein. Ein Gefühl des eigenen Wertes hatte sich nie entwickelt. Der eigene Wert wurde ausschließlich am Nutzwert für andere bemessen.

Zur Klarstellung:

> *Wir sind hier,*
> *damit wir uns durch entsprechende*
> *Erfahrungen weiterentwickeln.*
> *Der Sinn unseres Lebens liegt in uns selbst.*

Wenn wir auf unserem eigenen Weg auch anderen Menschen helfen können, ist dies sehr sinnvoll, aber es ist nicht der Sinn unseres Lebens.

Meine Empfehlung:

Wenn wir uns selbst bei solchem oder ähnlichem Denken ertappen, nehmen wir sofort Abstand, schauen von außen drauf und verabschieden uns schleunigst aus dieser Komödie.

Wir haben kein Recht, andere für das verantwortlich zu machen, was wir selbst in unserem Leben versäumt oder falsch gemacht haben.

Wenn wir umgekehrt feststellen, dass andere versuchen, uns in die Pflicht zu nehmen und für ihr Wohlergehen verantwortlich zu machen, gehen wir bitte nicht darauf ein.

Helfen wir da, wo wir können, aber nehmen wir mit unserer Hilfe niemandem eine Aufgabe ab, die er selbst zu lösen hat. Genau damit helfen wir ihm nicht.

Fordern wir ebenso konsequent seinen eigenen Anteil, wie auch Gott unseren eigenen Anteil fordert.

> *Leben wir das Leben heute*
> *und versuchen wir nicht,*
> *das Leben von gestern zu leben.*

In diesem Zusammenhang weise ich auch auf mein Buch „Leben heißt loslassen" hin.

Testen Sie Ihren Status als „Dr. med. Ich"

Überlegen Sie bitte bei folgenden Fragen einen Augenblick und geben Sie sich dann selbst eine Punktzahl zwischen 0 und 5, die Ihre derzeitige Position zwischen zwei möglichen Standpunkten aufzeigen soll.
0 ------ 1 ------- 2 ------- 3 ------- 4 ------- 5

1. Womit identifizieren Sie Ihr „Ich"?
Was verstehen Sie darunter, wenn Sie „ich" sagen?
Ihren Körper (dies wäre eine 0), Verstand und Körper (eine 1), Körper und Gefühl (eine 2), Verstand und Gefühl (eine 3), alle Ebenen zusammen (eine 4), allein die unbegrenzte, geistige Ebene? (eine 5)
Ihre Selbsteinschätzung ...

2. Wie weit sind Sie Hausherr in Ihrem Körper?
Haben Sie Ihren Körper oder hat Ihr Körper Sie?
Ich lasse mich nur von dem leiten, was mein Körper mir signalisiert (dies wäre eine 0). Ich beherrsche meinen Körper vollkommen (dies wäre eine 5). Wo würden Sie jetzt auf der Skala von 0–5 Ihre Position einordnen?

...

3. Wie weit beherrschen Sie Ihre Gedanken?
Haben Sie die Gedanken oder haben die Gedanken Sie?
Ich kann meine Gedanken weder beherrschen noch zur Ruhe bringen (dies wäre z. B. eine 0). Ich beherrsche meine Gedanken vollkommen, kann sie jederzeit kontrollieren und abstellen (eine 5).

...

4. Wie weit beherrschen Sie Ihre Gefühle?
Haben Sie die Gefühle oder haben die Gefühle Sie?
Wer geht mit wem um?
Ich kann meine Gefühle nicht beherrschen, sie brechen unkontrolliert aus mir heraus (0). Ich unterdrücke meine Gefühle und lasse sie nicht zu (ebenfalls eine 0). Ich beherrsche meine Gefühle jederzeit und bringe sie kontrolliert zum Ausdruck (dies wäre dann die 5).

...

5. Wie gut gelingt Ihnen das Draufschauen?
Können Sie Abstand nehmen und Ihr Rollenspiel beobachten?
Ich schaffe es nie, diesen Abstand herzustellen, und bin in meiner Rolle gefangen (0). Ich schaffe es nur gelegentlich (3). Ich kann jederzeit Abstand nehmen, mein Verhalten dabei beobachten und auch sofort korrigieren (5).

...

6. Wie ist Ihre Beziehung zu Ärzten?
Fühlen Sie sich unterlegen oder empfinden Sie sich als gleich wichtigen Partner?
Ärztlichen Anweisungen vertraue ich zu hundert Prozent, denn der Arzt hat Medizin studiert und nicht ich (0). Ich wäge sorgfältig ab, folge dabei auch meinen eigenen Gefühlen und höre auf meinen inneren Arzt (5).

...

7. Wie gehen Sie mit Medikamenten um?
Willig schlucken oder kritisch prüfen?
Ich bin überzeugt, dass der Arzt immer das Richtige verordnet (0). Ich prüfe mit dem Armtest und unterstütze dann die Wirkung des positiv getesteten Medikaments durch meine geistige Vorstellungskraft (5).

...

8. Wie hoch sehen Sie Ihren Eigenanteil an einer Erkrankung?
Krankheit als unberechenbares Schicksal oder als Folge von Ursache und Wirkung?
Krankheit ist ein unberechenbares Schicksal, das mich ohne mein Zutun trifft (0). Eine Krankheit hat auch immer etwas mit mir selbst zu tun und bedeutet eine Aufforderung zur Wegkorrektur (5).

...

9. Wie halten Sie es mit Vorsorgeuntersuchungen?
Vorsorge aus Angst vor Krankheit?
Ich nutze regelmäßig alle Vorsorgeuntersuchungen, denn man hört so vieles, und jederzeit kann mich etwas treffen. (0). Ich nutze Vorsorgeuntersuchungen nur dann, wenn ich selbst das Gefühl habe, dass es für mich richtig ist, und lasse mich nicht schon „rein vorbeugend" ängstigen (5).

...

10. Wie stark interessieren Sie sich für das Thema Krankheit in Gesprächen, Presse und TV?
Krankheit als positiver oder negativer Gesprächsstoff?
Ich nehme alles in mich auf, was sich mit Krankheiten, mit verschiedenen Heil- und Vorsorgemethoden usw. beschäftigt, denn man weiß ja nie, wann man dieses Wissen einmal gebrauchen kann (0).

Ich meide Gespräche über Krankheiten, soweit sie mich nicht direkt betreffen, und beschäftige mich lieber mit Gesundheit und Lebensfreude (5).

...

11. Haben Sie einen Vorteil aus einer Erkrankung?
Krankheit als Mittel zum Zweck.
Ohne „meine" Krankheit würde man sich weniger um mich kümmern und ich könnte so manches nicht durchsetzen (0).

Ich habe nur Nachteile von einer Krankheit, sehe sie als eine Aufgabenstellung für mich an, und tue alles, sie so schnell wie möglich zu überwinden (5).

...

Natürlich ist das kein wissenschaftlich fundierter Test. Aber durch die Fragestellungen mussten Sie noch einmal über gewisse Dinge nachdenken und eine Entscheidung für sich treffen. Allein dies war schon nützlich.

Wenn Sie sich Punkte vergeben haben und dabei auf die Idealzahl von **55 Punkten** gekommen sind, haben Sie sich selbst beschwindelt und sollten das Ergebnis unbedingt korrigieren. Sie wären so etwas wie ein Erleuchteter unter den Blinden, und die gibt es leider nur allzu selten.

Wenn Sie so bei **23–26 Punkten** angelangt sind, liegen Sie in etwa in der Mitte zwischen zwei möglichen Polen und verhalten sich *durchaus vernünftig*. Sie sind schon ein Stück des Weges gegangen, haben aber das schwierigere Stück noch vor sich.

Sie sind so etwas wie ein „Dr. med. Ich i. P." (im Praktikum). Jeder weitere Punkt in Richtung auf die vierzig Punkte bringt Sie weiter.

Liegen Sie unterhalb von **20 Punkten** oder sogar noch weit darunter, kann ich Ihnen noch keinen Titel als „Dr. med. Ich" zusprechen.

Sie haben noch eine große Aufgabe vor sich, die Sie nur durch konsequentes Arbeiten an sich selbst bewältigen können. Jeder Weg der Befreiung aus festgefahrenen Mustern ist ein schwieriger Weg.

Die Schlussbilanz

Wir selbst sind der Schlüssel zu Gesundheit
oder Krankheit,
Glück oder Unglück,
Lebensfreude oder Lebensfrust.

*

Nehmen wir unsere Eigenverantwortung an,
wird uns geholfen werden.

*

Sehen wir die Verantwortung für unser Leben
außerhalb von uns selbst,
werden wir so lange leiden,
bis wir erkannt haben.

Matt Galan Abend

GALAN-MASTER-TRAINING
„DER WEG ZUR MEISTERSCHAFT DES LEBENS"
*
EINZELCONSULTING IN ALLEN BERUFLICHEN
UND PRIVATEN PROBLEMSTELLUNGEN.
INTENSIVWOCHEN UND SEMINARE.
*
NEUE PSYCHOLOGIE UND
PSYCHOTHERAPIE

Ihre Kontaktmöglichkeit zum Autor:
WWW.GALAN-MASTER-TRAINING.DE
E-MAIL: GALANMASTER@AOL.COM

Weitere Bücher aus dem Verlag Via Nova:

Räum dein Leben auf!
100 % mehr Lebensfreude   2. Auflage
Matt Galan Abend
Hardcover, 144 Seiten. 56 z.T. ganzseitige Zeichnungen,
ISBN 978-3-86616-060-6

Der Mensch ist eingeschlossen in ein Gefängnis aus Konditionierungen, wie „man" zu sein hat, was „man" tut, was „man" von ihm erwartet, was „man" von ihm denkt usw. Der Mensch „kämpft" um alles und jedes, um sein Ansehen, um sein Geld, um seine Gesundheit, seine Sicherheit, seinen Arbeitsplatz oder was auch immer. Leichtigkeit, Lebenslust und Lebensfreude bleiben dabei meist auf der Strecke. Wenn wir gründlich Hausputz halten, wenn wir uns aus dem Dickicht unserer Konditionierungen befreien, wenn wir endlich aufräumen und das berühmte „Man" aus unserem Leben verbannen, wenn wir die Sorge darum verlieren, wie andere über uns denken, wenn wir die Angst überwinden, unseren Partner, unseren Job oder gar unser Geld zu verlieren, wenn wir den Maßstab in uns selbst und nicht im Außen finden, kann dies so etwas wie unsere zweite Geburt sein. Aber diese Änderung kann immer nur von innen nach außen, und niemals von außen nach innen erfolgen. Die vielen künstlerischen Zeichnungen von Annette Kramer unterstützen die eindringlichen Aussagen des Buches.

Leben heißt Loslassen
Alles, was wir festhalten, hält auch uns fest
Matt Galan Abend   2. Auflage
Hardcover, 168 Seiten – ISBN 978-3-86616-024-8

Das Besitz anzeigende Fürwort MEIN ist sicher eines der meist gebrauchten Wörter unserer Sprache. Aber in Wirklichkeit ist nichts von dem, was wir für MEIN halten, wirklich unser Eigentum. Menschen schon gar nicht, und auch die materiellen Besitztümer, die wir mal mehr, mal weniger zur Verfügung haben, sind Leihgaben, mit denen wir eine Weile spielen dürfen. Wenn das Spiel unseres Lebens abgepfiffen wird, verlassen wir das Spielfeld, aber die Dinge können wir nicht mitnehmen. Fällt uns das Loslassen bei Dingen noch einigermaßen leicht, so haben wir große Schwierigkeiten mit dem Loslassen gegenüber unseren Kindern, Partnern, Freunden, unseren Vorstellungen, Plänen, Wahrheiten – die Liste lässt sich leicht verlängern. Wir machen uns gar nicht klar, wie viel Energie uns das Festhalten kostet. Aber nur wenn wir loslassen, können wir uns dem ständigen Wandel des Lebens, dem Entstehen und Vergehen, dem Kommen und Gehen anvertrauen, nur dann können wir im Fluss der Schöpfung sein.

Das Doppel-Ich
Eine authentische Lebensgeschichte
Matt Galan Abend
Hardcover, 160 Seiten – ISBN 978-3-86616-029-3

Ihrem Wesen nach sind die beiden Ebenen des Menschen unvereinbar. Eine lebenslange Zerreißprobe. Die eine Ebene will, die andere Ebene bremst. Die unbegrenzte Seele sagt z.B. ja, der begrenzte Verstand analysiert, sagt nein, morgen wieder ja und übermorgen … Lösbar ist dieser Dauerkonflikt letztlich nur durch eine Identifikation unseres ICH mit unserer geistigen Ebene. Der Autor schildert diesen inneren Führungskampf aus der Sicht der inkarnierten Seele. In eine kleinbürgerliche Familie geboren, hat sich der Verfasser das Bewusstsein seiner ganzheitlich-göttlichen Herkunft bewahrt und sieht sein Leben aus dieser Perspektive. Die Seele hält Distanz zu ihrem „menschlichen Persönlichkeit", beobachtet sie, kommentiert ihr Verhalten und Handeln, trickst sie aus, wird von ihr ausgetrickst, arrangiert sich mit ihr und setzt sich endlich durch, um zusammen mit ihr die Lebensaufgabe zu lösen. Sympathisch ist der trocken-schlagfertige Stil, in dem der Verfasser sein Leben beschreibt, ohne Wehleidigkeit, nüchtern, sachlich, witzig. Dieses Buch vermittelt dem Leser einen authentischen Einblick in tiefere Schichten des Menschen.

Der individuelle Weg zu Gott
Matt Galan Abend
Hardcover, 112 Seiten – ISBN 978-3-86616-018-7

C. G. Jung hat einmal sinngemäß gesagt, dass von einem bestimmten Punkt an alle psychischen Probleme der Menschen religiöser Natur sind. Als Psychologe und Psychotherapeut begegnet der Verfasser täglich den Sorgen, Zweifeln und Ängsten der Menschen, die, sofern sie überhaupt noch an Gott glauben, mit Gott unlösbar erscheinende Schwierigkeiten haben. Gibt es angesichts der Ungerechtigkeiten und des Elends in der Welt einen gerechten, liebenden Gott? Wie kann er zulassen, was in der Welt an Bösem geschieht? Warum gibt es überhaupt das Böse? Gibt es einen Himmel und eine Hölle? Gibt es eine Wiedergeburt? Hat es überhaupt Sinn zu beten? Wie ist Gott? Brauchen wir Fürsprache bei ihm? Dies sind Fragen, denen sich der Verfasser in seiner Praxis immer wieder gegenüber sieht. Und welche Antworten kann er den Menschen geben? Gott ist kein Tyrann, sagt er, er will uns nicht bestrafen, er hat uns nicht gekündigt, er will uns keine Furcht vor ihm und seinen unerforschlich erscheinenden Ratschlüssen einjagen, denn wir sind ja nicht getrennt von ihm, sondern in ihm.

Karten der Erkenntnis auf dem Weg nach innen
Das Buch der Erkenntnis   9. Auflage
Chuck Spezzano

48 künstlerisch gestaltete Karten, Buch: 144 Seiten –
ISBN 978-3-928632-32-4

Wollen Sie mehr Selbsterkenntnis gewinnen, persönliche Ziele und verborgene Wünsche erkennen, die Beziehungen im Privat- und Berufsleben verbessern, Ursachen für Probleme herausfinden und auflösen, Hindernisse auf dem Weg nach innen beseitigen? Dann sind die Karten der Erkenntnis und deren Erklärung eine große Hilfe. Sie sind einfach zu benutzen, hilfreich und inspirierend. Ganz gleich, ob Sie „sofortige Antworten" auf alltägliche Fragen oder langfristige Lösungen für die großen Herausforderungen des Lebens suchen, es wird Ihnen und Ihren Freunden helfen, positive Entscheidungen zu fällen und Veränderungen für eine bessere Zukunft herbeizuführen. Im beiliegenden Buch der Erkenntnis findet der Leser den Schlüssel zum Verständnis und zur Verwendung der Erkenntnis-Karten. Chuck Spezzano erläutert im Einzelnen die Bedeutung aller 48 Karten und erklärt eine Vielzahl von Möglichkeiten, mit ihnen zu arbeiten und sie zu deuten. Außerdem werden über zehn verschiedene Legesysteme beschrieben.

Wo Engel gehen auf leisen Sohlen
Wie Sie Beziehungen erfolgreich und harmonisch gestalten können
2. Auflage
Chuck Spezzano

Hardcover, 304 Seiten, ISBN 978-3-86616-056-9

„Narren stürmen blind voran, wo Engel gehen auf leisen Sohlen." Unter diesen von dem britischen Schriftsteller Alexander Pope geprägten Satz stellt Chuck Spezzano sein neues Buch. Wieder einmal geht es um menschliche Beziehungen, und wieder einmal ist es dem weltbekannten Lehrer und Experten in der Kunst von Beziehungen hervorragend gelungen, seine neuesten Erkenntnisse auf unterhaltsame, spannende und zugleich unnachahmlich humorvolle Weise zu Papier zu bringen. In 101 abgeschlossenen Kapiteln zeigt er anhand zahlreicher „wahrer Begebenheiten" aus seinem eigenen Leben und praktischer Beispiele aus den unzähligen Seminaren, die er seit vielen Jahren auf der ganzen Welt leitet, in welche Beziehungsfallen Menschen tappen und wie sie sich schnell und erfolgreich daraus lösen können, um ihre Beziehungen zu einem wahren „Kunstwerk" zu gestalten. Der „neue Spezzano" zeigt einmal mehr richtungweisende psychologische und spirituelle Wege auf, die uns zu glücklichen Beziehungen und damit auch zu einem glücklicheren Leben führen können.

Anders von Gott reden
Willigis Jäger
Hardcover, 120 Seiten, 21 farbige Zenbilder, ISBN 978-3-86616-061-3

Willigis Jäger
Anders von Gott reden

Der charismatische Benediktinermönch und Zen-Meister Willigis Jäger interpretiert in seinem Buch „Anders von Gott reden" biblische Texte, Ereignisse und Personen in einer neuen, ungewohnten Sichtweise als symbolische Darstellungen einer kosmisch-göttlichen Botschaft, die Evolution des Seins und des Lebens, den Menschen und die Natur als Manifestationen Gottes: Gott ist für ihn das Urprinzip, die Urkraft, die sich in jedem Augenblick ereignet, seine Schöpfung ist sein Tanz, der Mensch ein Tanzschritt, eine Welle im Meer des Göttlichen. Die christliche Botschaft wird erweitert und vertieft, christliche Feste wie Weihnachten, Erscheinung des Herrn, Ostern, Maria Himmelfahrt, auch Begriffe wie „Reich Gottes" und „Leid" erhalten durch seine Deutung und Erklärung eine mystisch-spirituelle Dimension, werden als Möglichkeiten zur Wiedergeburt, Auferstehung und Erfahrung des Göttlichen im Menschen gesehen und dargelegt. Wer auf der Suche nach einem tieferen und ganzheitlichen Verständnis seines Christseins ist, für den ist dieses Buch eine Offenbarung. Seine Denkanstöße, seine klare, eindringliche Sprache faszinieren und überzeugen.

Quantengeist und Heilung
Auf seine Körpersymptome hören und darauf antworten
Arnold Mindell
Paperback, 296 Seiten – ISBN 978-3-86616-036-1

Quantengeist und Heilung ist Arnold Mindells neues Modell der Medizin, das auf den atemberaubenden Erkenntnissen der Pioniere der Quantenphysik beruht, welche die Landschaft unseres Glaubenssystems beinahe täglich neu gestalten. Mindell, der dort weitermacht, wo C. G. Jung aufhörte, hat sich als führender Experte im Gebrauch von Konzepten aus der Quantenphysik zur Heilung von Geist und Psyche erwiesen. Das Buch geht weit über die Theorie hinaus und stellt einfache Techniken, Übungsanleitungen und präzise Erklärungen wesentlicher Konzepte zur Verfügung, die es jedem Einzelnen ermöglichen, die Wurzeln selbst von chronischen Symptomen und Krankheiten, emotionalen, krankmachenden Mustern freizulegen, zu verstehen und zu beseitigen. Arnold Mindell: „Quantenphysik, die auch Sie anwenden können. Allen Aktionen und Ereignissen im Universum liegt eine Kraft zugrunde. Jeder Mensch besitzt die Fähigkeit, diese anzuzapfen, mit ihr zu interagieren und sie zur Selbstheilung zu benutzen."

Heilung und Neugeburt
Aufbruch in eine neue Dimension des Lebens
Barbara Schenkbier / Karl W. ter Horst
Hardcover, 272 Seiten, 30 Fotos, 10 Grafiken – ISBN 978-3-936486-57-5

Immer mehr Menschen suchen Auswege aus Einsamkeit und Trauer, Isolation und Sinnkrise. Sie sehnen sich nach Wärme und Licht, einem Aufbruch ins Leben, dem erneute Enttäuschungen und Niederlagen erspart bleiben. Barbara Schenkbier und Karl W. ter Horst geben anregende Impulse für den Aufbruch in eine neue Dimension des Lebens, für die spirituelle Neugeburt des Menschen. Diese Impulse sind begleitet von wegweisenden Ratschlägen für die Heilung von Seele und Körper. Die Autoren schöpfen aus der spirituellen Erfahrung einer neuen Dimension der Heilung und der Geschichte ganzheitlicher Heilverfahren aus dem göttlichen Feld. Die spirituelle Heilung wird ausführlich dargestellt. Mit einer bisher unveröffentlichten evolutions-psychologischen Methode ermöglichen sie dem Leser überraschende Einblicke in die verschlungenen Verläufe seiner eigenen Entwicklung. Alles Mitmenschliche und Kraftspendende, das dabei ans Licht des Bewusstseins dringt, bewerten die Autoren als Quellen von Heilung und Glück.

Yoga und Feldenkrais 1
Bewegung in der Nicht-Bewegung
Martin Woznica
Hardcover, 184 Seiten, 350 mehrfarbige Fotos – ISBN 978-3-86616-011-8

Dieses sehr ansprechende Yogabuch bietet durch die vielen farbigen Fotos eine ausführliche Anleitung für die klassischen Hatha-Yoga-Stellungen. Was es dabei besonders auszeichnet, sind die Vorbereitung und Hinführung zu den einzelnen Stellungen: Sie stammen jeweils aus der Feldenkrais-Methode. Dieses Vorgehen verbessert die Selbstwahrnehmung, schützt vor Verletzungen und eröffnet selbst dem Geübten völlig neue Perspektiven. Gleichzeitig rückt auf diesem Weg die Entwicklung der eigenen Erfahrung in den Vordergrund, was zu einer umfassenden Bewusstheit und letztlich zur Selbsterkenntnis führt. Und hier liegt ja das Ziel der Feldenkrais-Methode bzw. des Yoga. Sie finden in diesem Buch eine große Auswahl entspannender Atemübungen und wohltuender Yoga-Stellungen. Der Einsteiger bekommt ebenso eine sichere Anleitung wie der Fortgeschrittene. Das einfache, spielerische Vorgehen führt den Einsteiger an die Yoga-Stellungen heran. Auf demselben, von der Feldenkrais-Methode unterstützten Weg findet der Fortgeschrittene eine ausführliche Anleitung für die Yogahaltungen.

Dein Seelenhaus
Ein direkter Weg mit der Seele zu sprechen
Peter Reiter
Hardcover, 200 Seiten, ISBN 978-3-86616-062-0

Spielerisch die eigene Seele erkunden, Vorzüge und Defizite seiner Persönlichkeit in wenigen Minuten erkennen lernen und dabei auch noch Spaß und Entdeckerfreude haben – geht das? Ja, mit der hier vorgestellten und neu entwickelten Methode von Dr. Peter Reiter ist dies einfach. Nicht nur, dass Sie endlich wissen werden, welche Talente und Fähigkeiten in Ihnen schlummern, Sie erkennen in diesem Bild des Seelenhauses sofort, schnell und sicher Ihre Defizite oder Bereiche, die der Zuwendung, Entwicklung und Heilung bedürfen. Sie verändern mit dem Umbau des Seelenhauses auch Ihre Seelenmuster und von da ausgehend auch Ihre äußere Erscheinung und Ihr Verhalten zur Mitwelt. Dies funktioniert bei Ihnen selbst wie auch bei Ihren Freunden, Kindern, Partnern oder Klienten und Patienten – eine kurze Bildmeditation genügt, um das Innere zu erfassen. Es geschieht mühelos, nur über eine entsprechende Visualisation und Absicht, denn die Lebensenergie folgt den Gedanken oder Bildern.

Reifejahre
Lebensfreude und Sinnfindung
Prof. Manfred Stöhr
Paperback, 240 Seiten, mit 50 Fotos
ISBN 978-3-86616-076-7

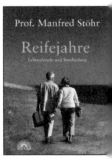

Dieses Buch gibt vor allem älteren Menschen umfangreiche Informationen zu ihrer Lebenswirklichkeit. Es regt sie an, über sich und ihre Situation nachzudenken, sich selbst und ihr Alter anzunehmen und ihr Leben selbstbewusst und möglichst eigenständig zu gestalten. Der Autor zeigt vielfältige Möglichkeiten sinnvoller Betätigung und Beispiele geglückten Alterwerdens auf, aber auch Gefahren, die das Alter belasten. Das Buch regt die Leser an, ihre Neigungen, Fähigkeiten und Möglichkeiten zu erproben und zu nutzen, auch gegen heutige Modetrends nach ihrem Gewissen zu leben, ihre Lebensziele zu verwirklichen, Sterben und Tod anzunehmen und nicht zu fürchten. Der Autor bezieht sich in seinen Aussagen über das Alter auf Philosophen, Religionsgründer und Schriftsteller von der Antike bis zur Gegenwart, bietet damit einen reichen Erfahrungsschatz, der dem Leser Mut und Gelassenheit schenken kann.